CONTE *verlag*

Elke Sonn (Hrsg.)

Ingobertus

Vom Pilger zum Patron

*Mit Zeichnungen des Künstlers
Rupert Fieger aus Eichstätt, dem Bildhauer
der Ingobertusfigur in St. Ingbert*

CONTE

Bibliografische Information der Deutschen Nationalbibliothek
Die Deutsche Nationalbibliothek verzeichnet diese Publikation
in der Deutschen Nationalbibliografie; detaillierte bibliografische
Daten sind im Internet über http://dnb.d-nb.de abrufbar.

ISBN 978-3-95602-189-3

© Conte Verlag, 2019
Am Rech 14
66386 St. Ingbert
Tel: (06894) 1664163
Fax: (06894) 1664164
E-Mail: info@conte-verlag.de
Verlagsinformationen im Internet unter www.conte-verlag.de

Titelillustration, Zeichnungen und Aquarelle: Rupert Fieger, Eichstätt
Druck und Bindung: Faber, Mandelbachtal

Inhalt

Vorwort

Eigentlich habe ich etwas gegen »Vorwörter«. Sie halten mich nur davon ab, endlich mit dem Buch zu beginnen, wobei mich dann die Befindlichkeit und die besonderen Hinweise des Autors nicht interessieren. Ich geb's zu.

Und wenn es Ihnen genauso geht, bitte machen Sie eine Ausnahme!

Lassen Sie mich Ihnen erzählen, warum ich den »Traum des Ingobertus« vor über 30 Jahren geschrieben habe und was mich mit der Sandsteinfigur von Rupert Fieger verbindet.

Seit Mitte der siebziger Jahre war ich im Vorstand des FDA (Freier Deutscher Autorenverband) engagiert und getraute mich 1982 mit »Die Märchen der Saar« mein erstes Buch vorzulegen. Man darf sagen, es war ein Erfolg und ich wurde gedrängt, endlich einen zweiten Band fertigzustellen.

Doch am 16. Januar 1983 lernte ich als Gottesdienstbesucherin meinen Mann kennen. Er war der Pfarrer der Martin-Luther-Kirche in St. Ingbert. Am 25. April

1983 haben wir geheiratet und dann gab es erst einmal Kinder, Küche, Kirche. Die Reihenfolge änderte sich oft von Tag zu Tag.

Mein Mann hatte über Ernst Jünger promoviert, einen erlesenen Literaturgeschmack und er mochte meine Geschichten.

Sechser im Lotto, aber ich hatte wirklich wenig Zeit.

Meine Überzeugung ist es auch heute noch, dass die Kirche in die Gesellschaft gehört. Mit der Stadt St. Ingbert, dem rührigen Heimat- und Verkehrsverein unter Rainer Henrich und mir als Vertreterin des FDA, wurde ein St. Ingberter Geschichten- und Geschichtswettbewerb ins Leben gerufen.

In einer Veranstaltung gedachten wir des St. Ingberter Dichters Klaus Stief. Ich las seine Geschichte »Von Bethlehem bis Golgatha« vor. Der mir immer wohlgesonnene Journalist der Saarbrücker Zeitung – Emil Dillmann – schrieb am 8. August 1987: »Ihre Wertschätzung des Dichters kleidete Frau Sonn in die Überzeugung, daß Klaus Stief diese Stadt mit seinen Gedanken reicher gemacht hatte.« Er wollte meine Aussage abmildern, denn ich hatte gesagt: »Eine Stadt ist nur so reich, wie die Gedanken reich sind, die in ihr zu Gehör kommen.«

Für diese tiefe Überzeugung haben wir 26 Jahre später sehr viel Geld aufgebracht.

Da ich 1987 selbst Jurymitglied des Geschichten-

und Geschichtswettbewerbs war, konnte ich mich nicht selbst mit einem eigenen Beitrag bewerben. Aber »Reklame« konnte ich machen und zur Teilnahme an dem Wettbewerb aufrufen.

Ich hatte meine Geschichte, die Grund dieses Buches ist, »Der Traum des Ingobertus« genannt. Die anwesende junge Journalistin Lisa Schmelzer schrieb nieder, was ich zu erklären versuchte.

»Die Idee zu dieser Geschichte kam der Autorin bei einer Unterhaltung über Aids. Sie machte sich Gedanken darüber, daß eigentlich immer, wenn für ein Übel eine Lösung in Sicht zu sein scheint – in diesem Falle Krebs – und man glaubt, daß es eigentlich nicht mehr schlimmer werden kann, ein neues unüberwindbares Übel auftaucht. Dies ist eine Erfahrung, die jeder Einzelne in seinem Leben schon gemacht hat und dieses Erlebnis hatte auch Ingobertus in seinen Träumen.

Sie zeigt sieben Stationen auf. Ingobertus, der vor der Kälte flieht und am Ende seiner Irrfahrt wäre ihm die Kälte das kleinere Übel gewesen.«

Als Autor hat man entweder eine vollkommene Vorstellung von dem, was man zu Papier bringen will, oder aus einem Gedanken entwickelt sich der Anfang einer Idee und von dann muss er sich durch den Nebel des Unbewussten vortasten und sehr tief in sich hineingehen. Das ist mitunter sehr anstrengend.

Meine Überzeugung, dass eine Stadt nur so reich ist,

wie die Gedanken sind, die in ihr gedacht werden, trieb mich in den Tagen um, als die Statue des Ingobertus des Künstlers Rupert Fieger abgebaut wurde und auf dem Gelände des Bauhofes lag. Es hagelte Leserbriefe in der Saarbrücker Zeitung, die mich schaudern ließen.

Ich bin eine ökumenisch denkende Protestantin. Mein Mann und ich haben auf allen Reisen unseren Kindern die Attribute der Heiligen erklärt. Warum ein Löwe an der Kanzel, warum steht bei der Figur der Frau eine zerbrochenes Rad? Das Erkennen und die Benennung einer Heiligendarstellung ist auch für einen Protestanten eine Frage der Kultur.

Ich bin sehr stolz darauf, in der Martin-Luther-Kirche in St. Ingbert die Heilige Elisabeth von Thüringen als Kirchenfenster zu sehen. Die Protestanten vor über 100 Jahren waren sicher nicht ökumenisch gesinnt, aber trotzdem haben sie die Heilige Elisabeth als Sinnbild der liebenden Mildtätigkeit gewählt.

Obwohl wir seit dem Ruhestand meines Mannes in Homburg lebten und ich sicher aus der Zeitung nur einen Teil des »Ingobertuskrieges« aus St. Ingbert mitbekam, wollte ich etwas unternehmen. Es gab Leserbriefe, die das Empfinden jedes Christenmenschen erschütterten.

Am 15. Januar 2013 stand ein knapper Artikel in der Saarbrücker Zeitung, Tenor war, die Stadt will ihr Geld zurück – sehr viel Geld.

Ich brütete im wahrsten Sinne des Wortes über dem Problem, dann nahm ich meinen ganzen Mut zusammen und rief im Büro des Oberbürgermeisters an. Ich teilte mit, wir würden die Kosten der Figur der Stadt ersetzen. Wir wünschten nicht als Spender genannt zu werden und wir könnten uns die Wiese vor Sengscheid als Platz für die Wiedererrichtung vorstellen.

Als mein Mann nach Hause kam, habe ich ihm gesagt, was ich getan hatte und er hat es für gut und richtig empfunden. Danach haben wir noch eine gute Zeit gemeinsam um die Aufstellung der Figur gekämpft. Unser Inkognito mussten wir nach einiger Zeit lüften, da die Vermutungen, wer sich hinter den anonymen Spendern verbergen könnte, seltsame Konstellationen und Verschwörungstheorien brachten.

So hat ein Vortrag zum Thema Ingobertus aus dem Jahr 1987 über die Rettung der Ingobertusstatue im Jahr 2013 zu einem Buch im Jahr 2019 geführt. Ein Bogen von 32 Jahren ist immer noch offen für die Frage, was würde Ingobertus heute tun, was wäre ihm ein Anliegen, was würde er ändern und was würde er bewahren?

Seien wir doch alle aufgerufen, ein kleiner Ingobertus zu sein, der mit offenen Augen und einem guten und mildtätigen Herzen durch seine Heimat geht, wo immer er sie hat.

Elke Sonn, im Januar 2019

Luther und die Heiligen

Dr. Werner Sonn

Nach einer weitverbreiteten Auffassung hat Luther für die evangelische Kirche die Heiligen entthront, bzw. »abgeschafft«. Dem steht aber entgegen, dass auch heute noch viele lutherischen Kirchen nach Heiligen benannt sind, wie etwa die Frauenkirche in Dresden, wobei mit »Frau« natürlich Maria gemeint ist, St. Marien in Lübeck oder die Lorenzkirche in Nürnberg, nicht zu vergessen auch die Ludwigskirche in Saarbrücken, die nach dem Hl. Ludwig, König von Frankreich, benannt ist.

Luther selbst spricht oft von den »lieben Heiligen«. Er ist auch wie selbstverständlich dem Brauch gefolgt, die anerkannten Heiligen mit »Sankt« zu zitieren, wie etwa die Evangelisten und Apostel »Sankt Markus«, »Sankt Lukas«, »Sankt Paulus«, oder auch Kirchenlehrer wie »Sankt Augustinus« und »Sankt Bernhard«.

Eine Luther von Kindheit an besonders vertraute Heilige war die Mutter Marias, St. Anna, die in seiner Heimat als Schutzpatronin der Bergleute galt, und die er unter Lebensgefahr im Gewitter von Stotternheim angerufen hat: »Hilf, Heilige Anna, ich will ein Mönch werden.« Seinem zutiefst konservativen Charakter entsprechend hat Luther an der ihm von Kindesbeinen an vertrauten Verehrung der Heiligen lebenslang festgehalten.

Luthers Angriff auf den spätmittelalterlichen Heiligenkult betraf nur die seiner Lehre von der allgenügsamen Gnade Gottes widersprechende Auffassung vom Verdienst der Heiligen, das sie sich durch ihr frommes Leben bei Gott erworben haben sollten. Der Anlass zu diesem Angriff war aber unmittelbar mit dem päpstlichen Ablass gegeben, der ja auf der Lehre vom »thesaurus ecclesiae«, d. h. dem von Christus und den Heiligen erworbenen Schatz von Verdiensten beruhte, der vom Papst gewissermaßen verwaltet, der gegen den Erwerb von Ablassbriefen an die Gläubigen verteilt werden konnte. Zugleich richtete sich die Kritik Luthers gegen die Wallfahrten, sofern auch diese Ablass versprachen, und gegen die Reliquienverehrung, die den Gebeinen und Kleidern der Heiligen magische Kräfte zuschrieb. Übrigens besaß auch Luthers Landesherr, Friedrich der Weise, eine ansehnliche Reliquiensammlung, deren Besuch mit einem riesigen Sündenerlass belohnt wurde. Es wurde deshalb auch schon vermutet bzw. unterstellt, dass er Luthers Kampf gegen den päpstlichen Ablass nur darum gedeckt habe, weil er damit eine übermächtige Konkurrenz ausschalten wollte. Er hatte aber doch sehen müssen, und war dazu wohl auch klug genug, dass Luthers Angriff auf den Ablass auch seine eigene Reliquiensammlung entwerten musste.

Luther begnügte sich aber nicht mit der Kritik an der spätmittelalterlichen Heiligenverehrung, sondern stellte der gesamten katholischen Tradition eine neue, aus der Mitte seiner Gnadenlehre geschöpfte Auffassung der Heiligkeit entgegen. Besonders eindringlich hat er dies in seiner gedankentiefen Auslegung des Magnifikat, des Lobgesangs der Maria nach Lukas 1. 47-55, getan.

Maria ist für Luther sozusagen die exemplarische Heilige. Als künftige Mutter Jesu ist sie über alle Kreaturen erhoben, rühmt dabei aber nur die Gnade Gottes, der »die Niedrigkeit seiner Magd« angesehen hat, ohne daß sie von ihrer Seite etwas dazugetan hätte. Darin ist sie »aller Welt ein Exempel«, daß in ihr »der überschwengliche Reichtum Gottes mit ihrer tiefen Anmut, die göttliche Würdigkeit mit ihrer Verachtung, die göttliche Größe mit ihrer Kleinheit, die göttliche Güte mit ihrer Verdienstlosigkeit, die göttliche Gnade mit ihrer Unwürdigkeit zusammengekommen sind. Daraus erwuchs Lust und Liebe zu Gott in aller Zuversicht. Darum ist hier auch ihr und das Leben aller Heiligen beschrieben.« Heilige sind demnach gemäß dem Vorbild Marias keine religiösen Heroen, sondern in besonderer Weise begnadete Menschen. Aus der Erkenntnis ihrer Unwürdigkeit und Verdienstlosigkeit wuchs in ihnen die »Lust und Liebe« zu Gott. Als solche sind sie für Luther nicht nur Vorbilder, sondern auch der religiösen Verehrung würdig. Ja, er greift selbst die Vorstellung von der Fürbitte der Heiligen auf, wenn er gegen Ende seiner Auslegung des Magnificats sagt: »Das verleihe uns Christus durch Fürbitte und Willen seiner Mutter Maria.«

In einer späteren Stellungnahme zu diesem Thema zeigte sich Luther allerdings zurückhaltender. Er hielt die Anrufung der Heiligen zwar nach wie vor für erlaubt, aber nur wenn klar sei, dass nicht sie selbst, sondern durch sie Gott oder Christus um Hilfe gebeten werde. Zugleich gab er der Befürchtung Ausdruck, dass durch den Blick auf die Mittlerschaft der Heiligen die einzig berechtigte Zuversicht zur Gnade Gottes vermindert werde. Bekanntlich ist in der evangelischen Kirche nach Luther die Anrufung der Heiligen mit dem Argument, dass sie nicht biblisch begründet sei, gänzlich abgelehnt worden.

Obwohl also Luther trotz des neutestamentlichen Sprachgebrauchs, der keine besonderen Heiligen kennt, sondern alle Christen als »Heilige Gottes« bezeichnet, an der Verehrung der kirchlichen Heiligen festgehalten und auch die Vorstellung von ihrer besonderen jenseitigen Gottesnähe festgehalten hat, hat er doch vom Zentrum seiner Gnadenlehre her durch die Bestreitung der besonderen »Verdienste der Heiligen« den Heiligenkult aus der evangelischen Kirche verbannt. Das exemplarische »Verdienst« der Maria besteht ja gerade darin, dass sie sich der göttlichen Gnade rühmt, die sie in ihrer Niedrigkeit und Verdienstlosigkeit angenommen hat, indes »unnütze Schwätzer« ihre angeblichen Tugenden rühmen und damit der Gnade Gottes Abbruch tun.

Hinsichtlich der betonten Niedrigkeit Marias tadelt Luther auch die »Meister«, nämlich die Maler, die Maria vorzüglich in der Glorie darstellen, anstatt sie in ihrer äußeren Armut zu zeigen. Insofern hatte Luthers neue Auffassung des Heiligen auch einen großen Einfluss auf die Entwicklung der Kunst. Während im katholischen Barock Maria und die Heiligen vorwiegend im himmlischen Triumph dargestellt sind, ist dieses Thema aus der protestantischen Kunst verschwunden. Immerhin zeigen etwa die Weihnachtsbilder Rembrandts, welche die Heilige Familie betont im Dunkel ihrer Armut darstellen, das durch einen Lichtschein der göttlichen Gnade erhellt wird, dass Luthers Lehre auch in dieser Hinsicht nicht zur künstlerischen Unfruchtbarkeit führen muss.

St. Ingbert und der heilige Ingobertus

Historische Figur und Idee des Ingbert/Angilbert

Dr. Markus Gestier

1. Historische Grundlagen

Die Stadt St. Ingbert trägt den Namen eines Heiligen: »Ingbert«. Erstmalig urkundlich erwähnt wurde die Siedlung als »Lendelfingen« im Jahr 888. Als Stadt nachgewiesen ist der Ort seit 1829.

Es lohnt sich, auf die Umstände der Namensgebung durch den Heiligen im Folgenden näher einzugehen.

Schon in der mittleren und jüngeren Steinzeit (grob etwa 8000 bis 2000 v. Chr.) zeigte die Erhebung um den Bergrücken des Großen Stiefels Siedlungsspuren. In der Eisenzeit (nach 800 v. Chr.) lebten Gallier (Kelten) in unserem Raum. Sie gehörten zum keltischen Stamm der Mediomatriker, benannt nach ihrer Hauptstadt Metz. In unserer Region hinterließen sie Spuren: Bekannt ist das keltische Götterfelsrelief »Hänsel und

Gretel« im Wald bei Sengscheid. Eine mehr als lokale Berühmtheit erlangte unweit von St. Ingbert das Fürstinnengrab von Reinheim. Von den Kelten ist wenig bekannt, da ihre Kultur weitgehend schriftlos war. Ihr Kerngebiet erstreckte sich um 650 v. Chr. in einem Raum von Ostfrankreich bis Österreich (»Hallstatt-Kultur«).

Zur Zeit Cäsars, um 55 v. Chr., wurde unsere Gegend Teil des Römischen Imperiums.

Römische Handelswege und Militärstraßen durchzogen fortan unsere Region, den Raum St. Ingbert. Einige Spuren römischer Besiedlung wurden u.a. im Mühlwald, am Wombacher Weiher, in der »Römerstraße« am Gymnasium und auf dem Hobels nachgewiesen. Siedlungsschwerpunkt war das heutige Gebiet um Sengscheid.

Ihrem Charakter nach ist die Gemarkung um St. Ingbert ein Waldgebiet.

Im Zuge der Völkerwanderung fielen im dritten und vierten Jahrhundert germanische Stämme der Franken und Alemannen in unserer Gegend ein. Zeitweise überfielen auch mongolische »Hunnen«reiterstämme große gallische Ländereien. Schließlich führte die fränkisch-alemannische Landnahme in die gallorömischen Siedlungsgebiete zur Überlagerung, aber nicht Verdrängung der keltisch-römischen Urbevölkerung.

An der Wende von der Antike zum Mittelalter, um 500 n. Chr., zur Zeit des Merowingerkönigs Chlodwig, war unsere Heimat endgültig durch die Franken besiedelt.

Es hatte wohl schon zur Römerzeit vereinzelt Christen in unserer Region gegeben, aber unter römischen Landsiedlern fanden sich bis ins 6. Jahrhundert genauso Anhänger orientalischer Kulte, Jünger des Sonnengottes aber auch Verehrer der Isis und persische Mithrasanhänger (Halberg!).

Mit Kaiser Konstantin und seinem Nachfolger hatte im Römischen Reich eine Entwicklung begonnen, die eingeleitet durch die »Konstantinische Wende« (313) schließlich zur Erhebung des Christentums zur Staatsreligion im Jahr 380 führte. In den Römerstädten an Rhein und Mosel hatte sich das Christentum schon im frühen 4. Jahrhundert (314 Bischof von Trier) etabliert.

Mit der Taufe des fränkischen Merowingerkönigs Chlodwig I. durch Remigius, den Bischof von Reims, im Jahr 500 wurden die noch heidnischen Neusiedler christianisiert. In den folgenden Jahrhunderten wurde das Fundament für das christliche Europa gelegt, wie wir es heute kennen.

Unser Siedlungsgebiet gehörte damals zum fränkisch-merowingischen Teilreich Austrasien. Dieses erstreckte sich von der belgischen Nordseeküste bis weit über den Rhein hinaus. Es handelte sich um eine

gallo(keltisch)römisch-fränkisch-allemannische Misch-
bevölkerung. Hauptstadt dieses Gebietes war Metz. Die
nächsten weiteren Städte waren Trier und Mainz.

Im Bliesgau und St. Ingbert entstanden neue Dör-
fer und Höfe. Auch das Dorf Lendelfingen, so benannt
nach seinem Gründer, dem Franken Landolf, wurde
errichtet. Erstmals urkundlich erwähnt wurde Lendelfingen als Lantolvinga im Jahr 888. Die Ortsnamen auf
die Endung -ingen verweisen auf einen alemannischen
Ursprung/Sippennamen. Wohingegen Ortsnamen, die
auf -heim enden, fränkischer Herkunft, auf -weiler kel-
toromanischen Ursprungs sind.

Christliche Klöster, v.a. der Benediktiner, verbreite-
ten den neuen Glauben. So entstand 634 das Kloster
Tholey, als der fränkische Adelige Adalgisel Grimo be-
stimmte, dass sein Besitz im Ort Tholey mitsamt der
dort von ihm errichteten »loca sanctorum« an das Bistum Verdun fallen sollte. Auf sein Bitten entsandte der
Bischof von Trier daraufhin Kleriker nach Tholey.

Im 6. Jahrhundert fand der christliche Glaube aber
auch durch die Missionstätigkeit angelsächsischer und
schottisch-irischer Wandermönche in unserer Region
weite Verbreitung. Wendelinus, Pirminius, Willibrord
(in Echternach!), Arnual oder Bonifatius sind hier zu
nennen. Es waren Eremiten, die in der Abgeschiedenheit und Einsamkeit Gott suchten: Sie waren auf der

»migratio propter Christum« (der Wanderschaft um Christi willen). Stand bei den Wandermönchen das Einsiedlerleben und heimatlose Wanderleben im Mittelpunkt, waren abendländische Mönche wie die Benediktiner in ihrer Bindung an den Heimatboden sesshaft.

Sankt Arnual war 593 Bischof von Metz, der heilige Wendelinus Abt des Klosters Tholey.

Immer noch aber waren zu dieser Zeit auch viele heidnische Riten, wie der Wotansglaube, verbreitet.

2. Der Heilige Ingbert – Namenspatron von St. Ingbert?

In diese Zeit fallen Sage und Legende des Ingobertus.

Die Legende besagt, dass ein frommer Einsiedler im sechsten Jahrhundert in das Gebiet unserer heutigen Stadt gekommen ist: »Christus nachzufolgen verließ er seine Heimat und nahm Entbehrungen und Gefahren auf sich. Lendelfinger kamen durch ihn zum christlichen Glauben und siedelten bei seiner Klause. In seinem Wirkungsbereich entstand eine Kapelle, die man nach ihm Sankt Ingbrecht, Sankt Ingelbert oder Ingobert nannte. Später gab er dann der ganzen Siedlung den Namen.« (Rainer Henrich, St. Ingbert in der Geschichte, 2004).

Historische Belege zur Existenz von Ingobert im 6. Jahrhundert sind hingegen rar. So gesteht auch Wolfgang Krämer, der entschiedenste Verfechter der Existenz des Ingobert, in seiner Geschichte der Stadt St. Ingbert (Auflage 1955 in 2 Bänden, Seite 15): »Was wir an Tatsächlichem über Ingobert wissen, ist fast gar nichts, dennoch geht es nicht an, ihn für eine sagenhafte Person zu halten«, und an anderer Stelle (S. 16): »Wir sind über alles, was die Person und das Schicksal dieses hl. Ingobert betrifft, auf reine Vermutungen angewiesen, die kaum je durch klare Beweise ersetzt werden können.« Selbst Legenden, wie es sie vom Heiligen Wendelin eine Reihe gebe, hätten sich keine erhalten.

Und Krämer weiter: »Wir hören nichts von den Gebeinen des hl. Ingobert, nichts von Altären, die ihm geweiht waren, nichts von Liedern (z.B. Hymnen, Sequenzen) in denen er verherrlicht wurde, nichts von Kalendarien, in denen sein Todestag aufgezeichnet wäre, nichts von Wallfahrten zu seinem Grabe, sein Name wird in keiner Litanei genannt.«

Dennoch ist sich Krämer sicher, es gehe »nicht an, ihn für eine sagenhafte Person zu halten. Ingobert ist geschichtlich so sicher bezeugt wie Wendelin und die meisten anderen Glaubensboten.« Bezugnehmend auf den katholischen Pfarrer Rütter bezeichnet er Ingobertus gar als »Apostel der hiesigen Gegend«.

Worauf gründet sich diese Gewissheit Krämers?

Es sind zwei historische Quellen, die die Existenz des Ingobert stützen und ihn erwähnen:

Zum einen die »Vita St. Magnerici episcopi Treverensis«, das heißt die Lebenserzählung des heiligen Erzbischofs Magnerich von Trier.

Verfasst hat sie der Abt Eberwin von St. Martin in Trier. Entstanden ist sie zwischen 1018-1036 und berichtet über einen mehr als 400 (!) Jahre zurückliegenden Zeitraum von 566 bis 590. Sie stützt sich dabei auf ältere Quellen (u.a. Gregor von Tours). Die Originalhandschrift des Abt Eberwin ist jedoch nicht in Gänze vorhanden, so dass man auf noch spätere Abschriften des 13. bzw. 16. (!) Jahrhunderts angewiesen ist.

Abt Eberwin bedient sich der älteren Quellen sehr frei und ergänzt diese an einigen Stellen nach Gutdünken. Er verherrlicht dabei den Bischof und die Geschichte der Abtei St. Martin. Es ist offensichtlich, dass er seinem wiederhergestellten Kloster eine langjährige reiche und bedeutsame Tradition geben möchte.

Im Bericht ist die Rede davon, dass ein Ingobertus mit anderen frommen Männern sich am Hofe des Bischofs Magnerich von Trier aufgehalten habe. Ingobertus habe um das Jahr 587 seinen bisherigen Wohnort verlassen und sei in eine abgelegene Gegend des Wasgenwaldes gewandert, um in einem unwirtlichen Waldtal ein Leben der Einsamkeit im Gebet zu führen.

Das bewaldete Gebirge des Wasgau reichte im frühen Mittelalter von Basel bis zu den Toren Triers.

In den älteren Quellen, die Eberwin heranzieht, ist nirgends der Name Ingobert erwähnt, er hat sich bei der Erwähnung des Ingobert also rein auf mündliche Überlieferung verlassen.

Die zweite Quelle, die zum Beleg der Existenz des Ingobertus herangezogen wird, ist die »Gesta Treverorum« (Ereignisse oder Taten der »Trierer«/im Trierer Land). Es handelt sich hierbei um eine Sammlung von seit dem 10. Jahrhundert angelegten Erzählungen, Sagen und Legenden, päpstlichen Dokumenten und Aufzeichnungen. Sie wurde erstmals zusammengestellt von dem Mönch Theodoricus vom Kloster St. Matthias zu Trier im Jahr 1012 – nach anderen Aussagen begann die Aufzeichnung der Sammlung etwa 1105. Dieses Werk bezieht sich u.a. auf die Viten verschiedener christlicher Heiliger, hier also auf die Vita St. Magnerici. Sie schreibt das nach, was in der ersten genannten Quelle (Vita St. Magnerici) erwähnt wurde.

In den »Gesta Treverorum« heißt es, in der Zeit des Bischofs Magnericus »glänzten in der Diözese Trier Männer von großer Heiligkeit, nämlich Paulus auf dem Berge Cebenna, welcher Berg jetzt nach seinem Namen genannt wird, dann Ingobertus, Disibodus, Wandalinus, Clarileffus und noch viele andere, welche ein Einsiedlerleben führten und über welche es eine Menge schöner und erbaulicher Legenden gibt.«

Vermutet wird, dass er etwa um 650 gestorben sei.

Krämer nimmt an, daß Ingobertus nicht aus Schottland oder Irland stammte wie Disibodus oder Wendelinus, sondern wegen seines Namens Ingobert/ Ingobrecht (Bert=»Der Prächtige«) ein Franke war, einheimischen Blutes und möglicherweise edlen Geschlechts.

In der Nähe seines Aufenthaltes sei eine Kapelle entstanden, die seinen Namen trug. Der genaue Platz soll die Gegend des Heiligenbrunnens am Eingangstor des Alten Friedhofs gewesen sein (so auch Karl August Woll und der oben erwähnte Pfarrer Rütter, auf die Krämer Bezug nimmt).

3. Der Heilige Angilbert – Namenspatron von St. Ingbert?

Kritisiert und angezweifelt wurde Krämer für seine »Ingobertus-These« vor allem von Hermann Peter Barth. Dieser fragt nach der Glaubwürdigkeit der beiden angeführten Quellen und führt Belege an, dass nicht ein »Ingbert«, sondern »Engelbert« Patron unserer Heimatstadt sei.

Barth führt quellenreich auf Grundlage des Vergleichs der Namensschreibung in Urkunden und der Ortsbezeichnung in verschiedenen Karten den Nachweis, dass als Namensgeber von St. Ingbert der Heilige Engelbert, den er auf Angilbert zurückführt, in Frage kommt.

In den Urkunden von 1180 bis 1810 ist fast durchgehend der Ortsname als Engelbert/Engelbrecht/Ingelbrecht bezeichnet. Die Pfarrei trägt im 14. bzw. 15. Jahrhundert die Bezeichnung St. Ingelberto bzw. St. Engelbert. Auch die Untersuchung alter Karten ergibt als Namensbezeichnung mit sehr großer Mehrheit Ingelbert/Engelbert.

Ein Verzeichnis der Besitztümer des Bistums Verdun um das Jahr 1200 erfasst die Siedlung unter den 18 Höfen des Klosters Tholey (dieses gehörte von Beginn an weltlich zum Bistum Verdun) unter der Bezeichnung St. Angelbert-Engelbert. Die Grafen von Blieskastel hatten den Tholeyer Hof bei St. Ingbert (»advocatio de S. Angelberto«) als Lehen des Bischofs von Verdun inne.

Wahrscheinlich befand sich ein Fremdenhospiz auf dem Tholeyer Hof St. Engelbert. Dort muss ein Heiliger verehrt worden sein, der als Angilbert oder Engelbert einer der Hauptratgeber Karls des Großen war und um das Jahr 750 geboren wurde. Wahrscheinlich aus edlem fränkischem Geschlecht, wurde er am Hof Pippins des Kleinen erzogen. Er war humanistisch gebildet und hatte unter mehreren Titeln und Funktionen Anteil am engsten Hofe Karls des Großen. Er trug den Beinamen »Homer«. Später löste er sich von seinen weltlichen Aufgaben und trug zur Wiederherstellung des Klosters St. Riquier (in der Picardie, an der Somme, 40 Kilometer nordwestlich von Amiens) bei, dessen Abt er auch wurde. Er ist einer der vier Testamentsunterzeichner Karls des Großen im Jahr 811 gewesen.

Am 18. Februar 814 starb er kurze Zeit nach Kaiser Karl. Im 12. Jahrhundert wurde seine Kanonisation beantragt, der Heiligenkult blieb erhalten und der Tag des heiligen Angilbert wird bis heute am 18. Februar gefeiert.

In Frankreich finden sich noch heute einige Orte mit dem Namen St. »Imbert« und »Engilbert«.

Barth vermutet, dass die Verehrung des Heiligen Engelbert/Angilbert dem an der Hauptverkehrsstraße Metz-Saarbrücken-Kaiserslautern-Mainz bzw. Worms gelegenen Tholeyer Hofes St. Engelbert in der zweiten Hälfte des 9. Jahrhunderts übertragen wurde.

Dass die Pfarrkirche von »St. Ingbert« im Jahr 1755 dem Heiligen Engelbert (eigentlich Angilbert) geweiht wurde, belege – so Barth –, dass die damalige

Bevölkerung und die kirchlichen Entscheidungsträger nicht nur von einer gewissen Skepsis bzgl. der Existenz und des möglichem Patrimonium des heiligen Ingobertus erfasst waren, sondern tatsächlich den heiligen Angilbert/Engelbert verehrten.

Diese Vermutung wird vom Mediävisten und Sprachwissenschaftler Wolfgang Haubrichs zurechtgerückt. Er stellt die Benennung nach dem Kölner Erzbischof Engilbert (verstorben 1225) fest und führt aus: »Im Hoch- und Spätmittelalter wurden eine Reihe von regionalen bzw. unbekannten Heiligen des Saarraumes bekannten Heiligen angenähert: ... Ingobertus von St. Ingbert an Angilbertus von Saint-Riquier bzw. später an den heutigen Kirchenpatron von St. Ingbert, Engilbert von Köln.«

4. St. Ingbert – Stadt christlicher Prägung

In jüngerer Zeit hat Haubrichs bei seinen verschiedenen Forschungen über Sankt Wendel zu den Tholeyer Abtslisten und den Ortsnamen in Blieskastel auf die Verbindung der nach Ingobert benannten Siedlung zum Tholeyer Kloster und damit auch zum Bischof von Verdun hingewiesen.

Haubrichs schreibt, dass es in der zweiten Hälfte des 6. Jahrhunderts »eine große Anzahl von solchen kleinen, ländlichen (Volks-)heiligen« gibt, »von denen wir so gut (wie) nichts wissen«.

Dass Ingobertus und die anderen in der »Vita Magnerici« genannten Einsiedler in der vorkarolingischen Zeit lebten, scheint ihm »sehr wahrscheinlich«. Dass Ingobert Namenspatron des ehemaligen Lendelfingens wurde, spricht seiner Meinung nach für die Historizität und zeitliche Verortung in das 6. Jahrhundert.

Auch der evangelische Theologe und Kirchenhistoriker Joachim Conrad – der sich tiefergehend mit der Historie von Sankt Arnual auseinandergesetzt hat – ist von der Existenz des Ingobertus überzeugt und unterstützt die Forschungsergebnisse Haubrichs' ausdrücklich.

Wie dieser ist er »überzeugt, dass Wendalinus wie Ingobertus zum austrasischen Adel und im Umfeld des Bischofs Paulus von Verdun zu suchen ist«. Bischof Paulus wiederum sei mit dem Missionar Columban befreundet gewesen und das Kloster Tholey habe „bis ins Hochmittelalter die Regula Columbani benutzt und nicht die Benediktsregel«. Überall, wo das KlosterTholey Einfluss gehabt habe, finde sich auch die Ingobertus- und Wendelsverehrung.

Letztlich weist aber auch Conrad darauf hin, dass Ingobertus »schwach belegt und legendarisch überlagert« ist. Es bestehe zudem ein »Verwechslungs-spiel« in der Namensähnlichkeit (Engelbert / Ingbert).

Die wissenschaftliche Diskussion um die Existenz eines »Ingobert« lässt sich grob vereinfachend wie folgt zusammenfassen:

Dass in räumlicher Verbindung zum früheren Lendelfingen ein frommer (Volks-)Heiliger gelebt hat, scheint unstrittig. Gleichwohl sind die Beweise samt Quellenlage dürftig.

Die überwiegende Mehrzahl der Forscher zieht Belege heran zur Existenz eines Ingbert im 6. Jahrhundert. Einzig Barth vertritt die These der Identität Ingoberts mit dem sicher bezeugten Angilbert am Hofe Kaiser Karls mehr als zweihundert Jahre später.

Von niemandem wird jedoch das Wirken christlicher Wandermönche als Glaubensboten und die von Klöstern ausgehende Missionstätigkeit in unserer unmittelbaren Heimat bestritten.

Unsere Vorfahren – die Menschen, die in den zurückliegenden Jahrhunderten als Waldbauern Lendelfingens und St. Ingberts/Engelberts in unserer Region siedelten – haben immer einen Ingbert/Engelbert als Patron ihrer Heimatstadt verehrt, unabhängig von der bis heute nicht gänzlich zweifelsfrei zu belegenden Existenz des einen oder der Patronatsqualität des anderen.

Die Idee des heiligen Ingobertus lebt in jedem Falle bis heute fort und hat die Menschen unserer Region geprägt. Als »Patron« ist er Schutzherr aller Menschen unserer Heimatstadt.

Der Traum des Ingobertus

Elke Sonn

Es war schon Anfang März, aber immer noch lag eine dicke Eisdecke über den Wegen, knisterte das gefrorene Laub im Wald und schnitten die scharfen Kanten dem Wandernden durch das dünne Schuhwerk in die Füße.

Durch das Tal am Stiefel entlang zog Ingobertus. Seine Kleidung war dünn geworden während der langen Reise. Es war, als ob ihm die Kräfte vor der Zeit schwanden, da ihn die Kälte zusammendrückte und ihm jeder Schritt Pein bereitete. Im trüben Licht des Nachmittags standen die hohen Buchen dunkel gegen den Hang, und mit ihren weitverzweigten Astkronen hielten sie sich fast wie mit Händen und schirmten so den Boden rund um ihre mächtigen Stämme.

Ingobertus besah sich den dichten Wald. Er lenkte seine Füße über einen schmalen Pfad, den anscheinend das Wild benutzte, den Hügel hinauf. So sanft er auch dalag, der Berg des Stiefels, so unzugänglich und steil wurde er dem Wandernden, der sich geradewegs den Südhang hochzog. Mehr kroch er, sich mit den Händen haltend, als dass er aufrecht schritt. Gerade als er sich an einem Astwerk hochziehen wollte, das aussah wie ein verwachsenes Unterholz, gaben die Äste nach, und Ingobertus, der auf die Kraft des Haltes vertraut hatte, rutschte über den schneeigen Boden am Abhang hinunter. Was wie ein Strauch ausgesehen hatte, war ein Geflecht von Ästen, das einem Gitter gleich den Eingang in eine Höhle verdeckte.

Ingobertus, der, die Arme ausgebreitet, mit dem Gesicht auf der Erde lag, glaubte nicht mehr daran, diesen Flecken, auf dem seine geschundenen Glieder langsam steif wurden, je wieder zu verlassen.

Es schien der Augenblick gekommen, die Mühsal zu beenden, eine andere Wanderschaft anzutreten, und es war ihm, als ob seine Arme sich ausgestreckt hätten und seine Seele aufblickte in ein himmlisches Licht. Doch um nichts hatte sich sein Körper bewegt. Aber die Sehnsucht, das Licht der Verheißung zu erblicken, war so groß, dass der Liegende seinen Nacken drehte und den Kopf hob. Langsam, unendlich langsam hob er den Kopf und öffnete die Augen.

Nichts war ihm bisher so sicher erschienen als sein Glaube, nun die Herrlichkeiten Gottes zu erblicken. Doch um ihn herum war es fast dunkel geworden.

Ingobertus, den die Kälte des langen Winters auf seiner Wanderschaft entkräftet hatte, sah in der grauen

Einöde etwas rostig Rosiges schimmern. Schon begannen ihm seine Lebensgeister zu schwinden, so tief hatte ihn der Schrecken ergriffen. Schien es ihm doch unzweifelhaft, dass ihn als Ende das ewige Dunkel umgab und die Brandöfen des Fegefeuers rot zu ihm her schimmerten.

Dicke Tränen rannen aus ihm herab und gefroren zu glitzernden Kristallen auf seiner Haut.

Oh, hatte er doch geglaubt, die Sündhaftigkeit seiner Jugend abgebüßt zu haben. Lagen seine Laster doch alleine in der vollen Kraft der Jahre.

Hatte er doch das bestickte Gewand eines Ritters vertauscht mit dem härenen Hemd. Stolz war er gewesen, eitel, eigensinnig, unbeherrscht, herrschsüchtig, doch war ihm Jahr um Jahr der Wanderung die Demut zugewachsen, und nun schien all diese Plage ohne Lohn.

Deutlicher trat der rötliche Schimmer in der trüben Abendstimmung hervor. Die Qual, dem glühenden Feuer der Hölle entgegenzusterben, ließ Ingobertus erschauern. Doch war ihm der Augenblick so gewichtig, dass er nicht vermochte, den Blick zu wenden.

Näher kroch er langsam, und erst, als er in dem feurigen Loch eine Höhle aus roter Erde und feurigfarbenem Sandstein zu erkennen begann, wurde er sich des Gebrauchs seiner Glieder bewusst. Er fasste sich an, fühlte, ob seine Existenz noch körperlich war, und in übergroßem Erstaunen fand er sich im Leben wieder.

Die Höhle, die sich vor Ingobertus öffnete, war klein, aber groß genug, dass er sich darin ausgestreckt lagern konnte. Das Astgeflecht zog er von innen gegen die Öffnung, und eine tiefe Dunkelheit umgab ihn gleichwohl mit der ständigen Kälte.

Ingobertus wurde in einen tiefen Schlaf gespült, und Wellen der Erschöpfung schlugen über ihm zusammen. Träume begannen ihn zu plagen. Weiße Leinentücher sah er sich im Winde drehen. Sie kamen auf ihn zu wie flatternde Totenhemden, und wenn er sie greifen wollte, um damit ein Tuch zu haben, um sich gegen die Kälte zu bedecken, zerrannen sie zwischen seinen kalten Fingern zu schneeigen Körnern und sprangen zur Erde wie Tropfen aus Glas.

Kältegeschüttelt lag er am Boden. Die Träume, die in ihm aufstiegen, hatten vereiste Schwingen und mochten ihm um nichts seine Knochen zu erwärmen.

Einmal neckte ihn ein Traumbild, es wurde der rote Sandstein der Höhle feuergleich, loderte, und Ingobertus sah sich direkt in den Schlund dieses Feuerbildes laufen. Er streckte die Hände aus, wollte die Wärme greifen und stieß mit seinen Fingern gegen die gefrorenen Wände.

Gequält, halb wach, halb träumend begann Ingobertus zu beten. Nur von der Kälte erlöst werden, gleich welche andere Qual wollte er dann mit Freuden tragen.

Ein tiefdunkler Schlaf legte sich über Ingobertus Seele, und es schien, als werde sein Gebet erhört. Er sah, wie sich die rote Erde einen Spalt öffnete, und daraus schlüpfte ein seltsames Wesen. Kind von Gestalt, doch mit dem Gesicht eines Greises. Mit kleinen rosa Händen lockte die Gestalt. Der schwere kahle Kopf winkte in den hinteren Winkel der Höhle. Langsam erhob sich Ingobertus und folgte den Fingern des Kleinen, die sich tanzend werbend wie kleine rosasilberne Schlangen bewegten. Ohne Worte formten die runzeligen Lippen des alten Gesichts die Worte »Komm« und »Warm«. Schlurfend sich vorwärtstastend sah sich der Schläfer in seinem Traum dem Wesen folgen. Sie schritten tief in die Höhle hinein, und von ferne schienen innen durch ein kleines Loch bunte Bilder hindurch. Saftiges grünes Gras wurde golddurchflutet wie auf den Wellen eines Meeres bewegt. Ein süßlicher Duft nach Sommerwiesen und ersterbenden Blüten wehte über den leuchtenden Farben.

Der Knabe mit dem alten Gesicht schritt vorwärts und huschte durch das Loch. Seine Hände mit den Schlangenfingern lockten inmitten des Wiesenmeeres, und die Fingerkuppen öffneten ihre spitzen Schlangenmäuler und zischten »Komm«.

Ingobertus streckte den Kopf in das Loch, und zugleich streichelte eine wohlige Wärme seine Wangen. Nun schob er mit den Schultern, drückte gegen die

Wände, und es war ihm, als gäbe der Stein nach, und, zwar nur widerstrebend, ließ er seine Schultern und den Rumpf vorwärtsgleiten.

Doch dann auf einmal, als er schon halb die kalte Höhle verlassen hatte, war ihm, als presste ihn der Stein aus sich heraus. Kopfüber rollte er in dichtes Gras, das ihn weich auffing.

Nach einem tiefen Seufzer dankte Ingobertus dem Herrn, dass er ihn vor der Kälte errettet habe. Er streckte und reckte die Glieder, schüttelte die Nässe aus seinem Haar, und immer wieder fuhr er sich mit der Hand über die Augen. Die sommerliche Pracht, die sich ihm bot, war gar zu herrlich, als dass er sie mit einem Blick erfassen konnte.

Die Landschaft sah aus, als sei sie aus allerlei Ländern zusammengewürfelt. Den Hintergrund bildeten scharfe graue Felsen, wie sie auf den fernen Mönchsinseln gegen den Abend stehen. Davor lagen Wiesen, kleine Täler und behagliche Hügel mit seltsamen Steinen. Da standen an einem kleinen Teich feuergelbe Wasserlilien, wie er sie nur ein einziges Mal je gesehen hatte, doch wo? Da war eine Wiese mit blau webenden Anemonen bedeckt, und an einem Strauch schaukelten hunderte kleiner roter Herzen im Wind. All diese Dinge schienen ihm vertraut, bekannt, doch er glaubte sie in einer anderen Wirklichkeit gesehen zu haben. Auch schien ihm undenkbar, dass sich all die

Kostbarkeiten der Natur hier in einem einzigen Bild zusammenfänden.

Der wärmende Himmel, der diese Wunder der Schöpfung beschien, war von einem seltsamen Blau, das schien, als bilde ein riesiger Edelstein das Gewölbe und bräche aus ihm das Licht, und wie aus unzähligen Quellen rann die silberne Flut über die Landschaft.

Ingobertus ging hin und her in dem schönen Bild. Er strich über die Gräser und Blumen, befasste Bäume und Sträucher und sah zu den Bergen im Hintergrund, die wie eine strenge Mauer den Garten Eden beschirmten.

Doch wann immer er nach dieser unwirklichen Schöpfung griff, Blumen und Gräser berührte, war ihm, als würden die Dinge ihm unter den Fingern weggezogen, wuchs das Gras in die Erde zurück und verschlossen sich die Blütenkelche. Ingobertus versuchte, sich selbst in seinem Traum eine Erklärung zu schaffen. Die einzige, die er finden konnte, war, dass seine Sinne so entkräftet waren, ihn die Kälte so gebeutelt hatte und nun Hunger und Durst ihn bedrängten.

So glaubte er, wenn er sich nur wieder gestärkt hätte, dann könne er voll die Herrlichkeiten ergründen und ihren Sinn genießen. Er begann, herumzugehen, um sich Essen zu besorgen, Beeren und Früchte aus der üppigen Sommerlandschaft, Fische aus den Weihern, Vögel und Wild aus den Bergen. Er lief in der

Landschaft umher, deren Himmel nicht die Dämmerung kannte und in der es keine Nacht gab.

Er drückte mit verzweifelten Bewegungen seiner Arme die Sträucher auseinander, doch kein Himbeerstrauch und kein Brombeerbusch trug eine Frucht. Nicht einmal ein Ansatz war unter den üppigen Blättern zu erkennen. Ebenso standen Kirschbäume mit mächtigen Kronen da, aber kein einziger roter Punkt zeigte sich. Pfirsichbäumchen bogen sich unter der Last der Blätter, doch keine Frucht schimmerte golden durch das füllige Grün.

Ingobertus lief den Bergen zu, um vielleicht einen Vogel zu fangen, ein Nest zu räumen. Er zog sich an den kantigen Steinen empor, doch nichts fand er. Nicht einmal eine kleine Feder schaukelte im Wind. Es gab keine Vögel, und nirgendwo waren Spuren von Tieren zu sehen. Doch Wasser gab es, kleine Teiche und Bäche. Sie wenigstens würden Fische bergen. Ingobertus, den eine grenzenlose Niedergeschlagenheit erfasst hatte, besann sich auf diese neue Möglichkeit, seinen Hunger zu stillen, und so schnell er es noch vermochte, lief er, kroch er zu einem Tümpel und starrte hinein. Gespannt schaute er, ob sich etwas bewege in dem Wasser, und plötzlich entstand ein winziger Strudel, Ringe zogen davon aus, das eintönige Silber glänzte, und die Farben des Regenbogens tanzten im Kreise. Schon wollte der Hungrige mit den Händen in das

Wasser greifen, als es sich wieder beruhigt glättete und er sein Gesicht im Spiegel des Teiches sah. Tränen rannen ihm von den Wangen. Sie waren ins Nass gefallen und hatten die Oberfläche bewegt. Nichts war aus dem Wasser selbst geschehen, das war schön und tot wie die prachtvolle Natur ringsum.

Oh, haderte Ingobertus, dass er doch in der Kälte umgekommen wäre! Was hatte es für einen Sinn, ihn zu erwärmen, nur um seine Qual neu anzufachen und ihm auf andere Weise sein Ende zu bereiten?

Verzweifelt betete er, der Herr möge ihn von dieser Plage erlösen und ihn doch nur nicht verhungern lassen. Wenn er schon warm hätte und satt sein könnte, dann könnte ihm nichts mehr geschehen, so glaubte er.

Ingobertus' Lippen kamen dem kristallenen Wasser des Teiches immer näher, und der Kopf des Dürstenden streckte sich immer tiefer in die Erde. Doch es war, als ob das Wasser vor ihm zurückwich, und dann auf einmal schlugen die Wellen über dem Dürstenden zusammen, zogen ihn quirlige Strudel hinab, packte ihn der Sog und riss ihn durch eine finstere Welt. Alles drehte sich im Kopfe des Mannes, wirbelte durcheinander und drückte ihm fast die Augen aus dem Schädel.

Plötzlich war ihm gar, als würde er mit einer kräftigen Woge aus einer Quelle gespült. Sein Kopf war schwer und saß schräg auf dem Hals, das Kinn lag ihm

auf der Brust. Unter seinen Lippen hielt er eine Trink-
schale, aus der die letzten Tropfen an seinem Kinn vorbei herabfielen. Schon wollte er die Schale hochheben,
um sie erneut zu füllen, doch kraftlos fiel seine Hand
herab. Er schlummerte und sah sich dabei zu in seinem Traum. Die eine Hand hatte er gefällig auf den
Bauch gelegt, der sich satt gerundet unter einem Gewand wölbte. Das Gewand war es, das der Träumer an
sich selbst bewunderte. Viel prächtiger schien es als alles, was er bis jetzt besessen hatte. Farbleuchtend und
aus kostbarem Material, bestickt mit Borten und warm
mit Pelzwerk gefüttert und umsäumt. Ingobertus, nun
warm gekleidet und wohlig satt, erwachte aus der Er-
mattung, die der Wein ihm schenkte und besah sich
den Ort, an den die Strudel des Teiches ihn gespült hatten.

Er saß an einer langen Tafel in einem Raum, den
sanftes Kerzenlicht in ein schattiges Halbdunkel tauch-
te. Wie schwarze Schatten spielten die Flammen sich
an den Wänden auf. Der Tisch war bedeckt mit feinem
Leinen, und überall standen Schüsseln, Platten und
Krüge – halbgeleert. Ingobertus wunderte sich, dass
der Tisch nicht abgeräumt war, denn die Gäste saßen
friedlich und still um ihn herum und schienen ein wenig zu ruhen.

Auch er lehnte sich auf seiner Bank zurück und
wollte das angenehme Gefühl genießen, das sich nach

den Qualen der Kälte und des Hungers jetzt einstellte. Seinem Kopf suchte er einen Halt und wollte einnicken. Doch es störte ihn jedes Mal, wenn er die Augen geschlossen hielt, ein stetiges Tropfen. Befremdet schaute er um sich und sah, dass die Kerzen, die den Raum erhellten, halb heruntergebrannt nun ihr Wachs auf den Tisch tröpfelten, weil offensichtlich niemand den Docht nachgeschnitten hatte.

Er schaute umher, ob er einen Diener erblicke, doch alle Gäste saßen weiterhin stumm auf ihren Bänken, und niemand schien sich daran zu stören, dass das Kerzenwachs bereits kleine Flüsse auf dem Tischtuch bildete und das kostbare Geschirr zu beflecken begann. An der Mauer neben der Tür stand an die Wand gestützt ein Lakai, der ebenso wie die übrige Gesellschaft vor sich hin schlief.

Ingobertus betrachtete sich nun die Gäste näher. Ohne Zweifel saß hier eine fürstliche Schar zur Tafel, Damen in seltsamen Hauben, wie er sie noch nie bei Frauen gesehen hatte. Er blickte an sich herab und bestaunte die Art seines Gewandes. Nie hatte er Ähnliches gesehen, denn getragen. Seine Beine waren in Strümpfe, die die ganze untere Hälfte seines Körpers bedeckten, gesteckt, und darüber trug er einen kurzen Rock und einen Umhang, der nicht einmal bis zu den Knien reichte. Peinliches Kribbeln stieg Ingobertus den Rücken hinab, und er schaute sich um.

Sein Tischnachbar, ein recht wohlleibiger Mensch mit großem grauumflorten Schädel, trug ebenfalls diese Tracht. An dessen dicken Füßen spitzten sich lange schmale Schuhe wie Pfeile zu, und auch Ingobertus fand Ähnliches an seinen Füßen.

Es wäre fast heiter zu nennen, wie sich die Gäste herausstaffiert hatten, wenn sie nicht alle noch in ihrem Schlaf diese würdevolle Haltung gezeigt hätten. Obwohl auch Ingobertus gerne ruhen wollte, hätte er doch zu gerne gewusst, wo er sich befand, mit wem er zu Tische einschlief. Die Menschen in ihrer ungewöhnlichen Tracht waren vielleicht eine Reisegesellschaft, die sich müde von den Beschwernissen der Straße ausruhte. Mit einem Auge hätte Ingobertus gerne geschlafen, denn sein entkräfteter Körper, der nun frisch gestärkt war, verlangte danach, doch in seinem Kopf flossen immer wieder die Fragen nach dem Ort, an dem er sich befand. Er wollte seiner Neugier selbst ein Ende bereiten und winkte den Diener herbei, doch dieser hatte die Augen starr geradeaus gerichtet, es schien, als sähe er zum anderen Ende des Raumes oder noch weit darüber hinaus. Erneut versuchte Ingobertus den Diener herbeizuwinken. Nun wurde er doch ungehalten, dass dieser Mensch nicht reagierte. Bisher hatte er nur mit einem eleganten Zeichen die Hand gehoben, doch nun, missmutig geworden, machte er eine weit ausholende Bewegung mit seinem rechten

Arm zur Mitte der Tafel hin, dorthin, wo die Blickbahn des Dieners laufen musste. Nichts geschah auf sein Winken. Ingobertus nahm den Arm zurück und stieß damit gegen die Dame an seiner Seite. Erschrocken wollte er sich entschuldigen, als ihm auch schon der gewichtige Körper seiner Nachbarin entgegensank. Nun wartete er demütig darauf, dass ihn die vornehme Dame, deren Schlummer er auf so rüde Weise gestört hatte, zur Rechenschaft zog. Doch nichts geschah. Sie erschrak nicht einmal, sondern bettete ihren Kopf, der schräg hing, als wäre er nicht ein Teil des übrigen Fleisches, gegen seine Schulter und blieb weiterhin ruhig. Eine geraume Zeit hielt Ingobertus die Dame in dieser für beide unbequemen Haltung. Er wollte sie stützen und sie so sanft als möglich in ihre alte Stellung zurückschieben, als von der Haut seiner Hände ihm eine Gänsehaut seinem Rücken zu lief.

Die Dame fühlte sich an wie ein Fisch, kalt und feucht, und erst jetzt roch er den seltsamen Modergeruch, den sie verströmte, doch alles brachte er noch mit der fremden Gewandung, die in ferne Länder zu weisen schien, zusammen. Trotz der Überwindung, die es ihn kostete, das füllige Fleisch auf der Bank zurechtzurücken, fasste er beherzt zu und wollte die Dame von sich schieben, er drückte gegen ihre linke Seite und hielt die Hand gegen ihre Schulter. Der Stoff des prächtigen Gewandes gab nach. Er drückte fester und hatte das Gefühl, als streckten sich ihm nicht Fleisch und Knochen entgegen, sondern allenfalls fließendes Wasser oder schlüpfriger Brei. Wo er auch hinlangte, überall war unter dem Kleid ein Nichts, das nachgab und größer wurde, gleichwo er auch hinfasste.

Ingobertus zog angewidert seine Hände zurück und suchte bei dem Herrn zu seiner Linken Hilfe. Er sprach ihn leise an, bemüht, wegen des Missgeschicks mit der Dame kein Aufsehen zu erregen bei Tisch, doch der Nachbar schlief fest. Ingobertus erdreistete sich in seiner Not, ihm auf die Schulter zu tippen, sanft nur, doch stetig, doch er hatte keinen Erfolg. Er zog den Finger, mit dem er den Schlummernden berührt hatte, zurück, darum hatte sich jedoch eine der langen grauen Strähnen des vornehmen Herrn gewickelt. Nun, als er die Hand zurückzog, hefteten sich die Haare daran, und nach der raschen Bewegung des Ingobertus flossen sie wie ein silberner Streifen von dem Schlafenden herunter auf den Tisch. Das ganze graue Gespinst, das den Kopf des Mannes umgeben hatte, floss herab, zerriss und lag in kleine Häuflein Staub verstreut. Ingobertus, dem das Blut ob seiner erneuten Ungeschicklichkeit stockte, sah nun den Graukopf kahlschädelig neben sich sitzen, gerade und ruhig wie ehedem. Ingobertus besah sich die Haare näher und stellte fest, dass es sich um spinnwebenartig feines Gebilde handelte, das aufgelöst dalag und vor seinen Augen als staubige Wölkchen zerrann.

Nun wurde ihm diese fremde Gesellschaft doch unheimlich. Entschlossen wollte er wissen, was hier vor sich ging und sprach fest gegen sein inneres Zittern den Nachbarn an, entschuldigte sich im Voraus, ihn aus dem Schlaf zu reißen, doch wolle er wissen, wo er sei und wer ihn bewirtet habe. Konnte er sich zwar nicht erinnern, wie und was er gegessen hatte, so wusste er wohl, dass er von der schrecklichen Vorstellung des Verhungerns geradewegs mit der Nase in einer Weinschale aufgewacht war.

Der Herr mit dem nun kahlen Schädel antwortete immer noch nicht. Ingobertus rückte näher zu ihm, schon alleine, um der schwammigen Gestalt der Dame zu entgehen, die von rechts wieder an seine Schulter geglitten war. Was ihm aufzufallen begann, war die absolute Stille in dem Raum. Gerade hatten noch einige Kerzen getropft, nun gaben nur noch einige wenige ein spärliches Licht. Sie zitterten nicht mehr und hielten das Wachs zusammen, das ihnen noch den Docht nährte. Ingobertus horchte zu seinem Nachbarn, ob der noch in den ruhigen Atemzügen des Schlummers lag oder bereits im Erwachen begriffen war. Er hörte näher, doch kein Laut kam an sein Ohr, kein Atem schien die Gestalt zu verlassen.

Ingobertus besah sich die ganze Gesellschaft, die würdevoll steif um den Tisch saß, und Wellen kalten Schweißes brachen über ihn, eine Angst, wie er sie auf den dunkelsten Waldwegen nicht gekannt hatte, schnürte ihm die Brust zusammen.

Ganz langsam schob er seinen Stuhl zurück und erhob sich. Weg wollte er, weit fort von diesem verwunschenen Ort. Hinter ihm knisterte plötzlich etwas und klirrte es leise. Er drehte sich um und sah, dass die Dame, die bisher gegen ihn gelehnt war, zur Erde gerutscht war. Ihre Perlenschnur lief über den Boden, und ihr kostbares Gewand sank zerknittert in sich zusammen. Ingobertus, der sich bücken wollte, stieß gegen den Stuhl des Herrn zur Linken, so dass auch dieser sich zur Seite neigte und zu fallen drohte. Ingobertus fasste rasch zu und griff in ein Bündel Kleider, unter denen es knackte wie zerbrochenes Glas, dann brach auch diese Gestalt zusammen. Ein Wölkchen Staub zerfloß aus den Öffnungen der Kleider über den Boden. Nun rannte Ingobertus zum Ausgang, doch nichts tat sich. Die breiten eisernen Bänder der Tür bewegten sich nicht einmal unter seinen Schlägen. Beim Umdrehen streifte ein Zipfel seines Umhangs den Diener, der an die Wand gelehnt vor sich hinstarrte. Voller Entsetzen sah Ingobertus nun, wie dieser sich vorbeugte und dann gerade wie ein verkohlendes Holzscheit in sich zusammensank.

Der Träumende rannte zu dem Tisch, nahm die letzte Kerze, die gerade noch vor sich hinflackerte und ging von Stuhl zu Stuhl. Er leuchtete den Gestalten ins

Gesicht. Alle hatten sie eine Haut, die aussah wie gespanntes, dunkles Leder. Fast schwarz war die Haut der Gesichter. Doch war es kein einheitliches Schwarz, es waren Flecken, die vereinzelt auf der Brust erschienen, den Hals bedeckten und wie große Käfer unter den Haaren hervorkrabbelten.

Die Fäulnis, die schwarze Fäulnis! All diese, die hier saßen, waren tot, lange schon tot, eingemauert zu einem letzten Mahl, währenddem sie gemeinsam der Schlaf überkam. Das Grauen, das Ingobertus erfasste, war stärker und schrecklicher als alles, was er je erlebt hatte.

Er sank auf die Knie und flehte um Gnade. Er wollte keine Wünsche mehr haben für seinen Leib, er wollte Buße tun, doch so elendiglich unter Toten umzukommen, davor sollte ihn der Herr bewahren. Wenn er je wieder diesen Ort des Aussatzes verlassen könnte, so wollte er dienen und beten und alles Fleisch in sich abtöten.

Ingobertus betete inbrünstig. Er lag auf der Erde, scheuerte sich die Stirn wund, mit der er gegen die kalten Steine stieß. Immer wieder stieß er mit dem Kopf zu Boden und bat verzweifelt um die Gnade der Buße.

Plötzlich hörte er seltsame Geräusche wie von eisernen Ketten, die in einem gleichmäßigen Rhythmus über den Boden gezogen wurden. Er stützte sich vorsichtig auf die Arme und hob den Kopf. Sein Blick glitt durch

ein kleines dunkles Gelass, in dem einzig in einer Ecke etwas Stroh geschichtet war. Aus einem kleinen Loch fiel schwaches Licht auf ein einfaches Kruzifix. Davor sank Ingobertus zusammen und betete voll Dankbarkeit. Sein Herz und seine Seele waren ein einziges Versprechen, nie mehr den Anfechtungen des Fleisches zu erliegen und ein Leben im reinen Dienst zu führen. Als er an sich heruntersah, bemerkte er, dass er in einer dunklen Kutte steckte und nur ein Strick sein Gewand am Leib hielt. Seine Füße waren nackt, aber nicht einmal die Kälte des Bodes und die Feuchtigkeit, die davon aufstieg, konnten ihm etwas von der neuen Glückseligkeit nehmen, die sich warm in ihm ausbreitete.

Er verließ seine Zelle und schritt, als ob er den Weg seit allen Zeiten gekannt hätte, durch die finsteren, dunklen Gänge eines mächtigen Baus. Eine Reihe dunkler Gestalten schlich auf eine offene Tür zu; den Kopf gesenkt, die Hände in den Ärmeln der Kutten verborgen, folgte ihnen Ingobertus. Er saß mit ihnen auf den harten Bänken, betete mit ihnen in der Sprache der Kirche, und als man sich zu essen versammelte, stand eine Schale bereit und war auch für ihn Brot gebrochen, gerade, als habe sich sein Leben selbst schon immer hierher bestimmt. Die Tage vergingen in schnellen Bildern dem Träumenden, ohne dass ihn je das seltsame Geräusch der schlurfenden Ketten verlassen hätte. Nun, da Ingobertus satt und glücklich und auch zufrieden war, brach in immer größeren Wellen die Neugierde über ihn herein.

Wenn er hinter den schweigenden Mönchen durch die langen Gänge zog, hob er die Augen, um seine Umgebung abzutasten.

Es schien dem Schlafenden eine lange Zeit zu vergehen im eintönigen Schritt des Klosterdaseins, wenngleich er auch seine eigene Ruhe von den seltsamen Geräuschen gestört fühlte. Nun plötzlich kam Bewegung in die Bilder. Zwei Brüder winkten Ingobertus nach der Messe mit sich fort. Der immer ruhige Zug der übrigen Gestalten entfernte sich geräuschlos durch die hohen Gänge, während Ingobertus den beiden dunklen Bildern in die Tiefe des Gemäuers folgte. Die Wände wurden grauer, und ein Fäulnisgeruch schien aus ihren Ritzen zu wachsen. Klirrende Geräusche mischten sich mit Lauten, die von Tieren ausgestoßen schienen. Quietschendes Lallen und seufzerhaftes Stöhnen bildeten die Töne, die vom Rhythmus eines Hammers begleitet wurden, der laut und immer lauter auf ein Eisen hieb. Ein rostiger Schein beendete in der Ferne den düsteren Gang. Beim Näherkommen schien Ingobertus aus der Helligkeit ein Licht zu erwachsen, das direkt von den Flammen der Hölle gespeist schien.

Konnte es sein, dass das Dasein mit seinem Entsetzen vor nichts haltmachte? Gab es denn auch für einen ehrlich Suchenden keine Höhle, in die er kriechen konnte, um den Grauen der Welt zu entgehen? War denn nicht ein Kloster ein Ort Gottes? Oder waren Gott und die Hölle so eng zusammengewachsen, dass sie diese Bilder zeugen konnten? Hier an diesem Ort der Stille befand sich in der Tiefe der Mauern das Zentrum der Hölle, und Gottes Söhne, die in ihrem Leben oben büßend auf den kalten Steinen lagen, standen hier und schauten in die Glut des Bösen. Die Gestalten, die vor ihm gingen, hielten sie nicht demütig die Köpfe gesenkt, die Augen niedergeschlagen? Nein, hier schauten sie hin, wie menschliches Fleisch gemartert wurde. Hier eiferten sie, um Seelen retten zu wollen, töteten sie das Fleisch, sie trieben die Teufel aus und wurden ihnen Besitz. Langsam vollführten sie ihr Werk des Fegefeuers. Gemarterte Gestalten röchelten und stöhnten. Schreien, schreien konnten sie schon lange nicht mehr.

Aus einer dämmrigen Ecke drangen Gebete, jauchzend ausgestoßen von hohen Männerstimmen. Freude ob dieses Hexenwahns zischte über die heißen Steine und griff nach frischem Fleisch.

Ingobertus, dem selbst im Traum das Entsetzen seine Kehle schnürte, schaute sich um. Sein Blick verfing sich in zwei dunkeltrüben Augen, die in unendlichem Leid weit in die Ferne gingen.

Weißes Fleisch, jetzt rotstriemig aufgedunsen, rosige Wangen und ein Mund, halb geöffnet, spöttisch

lachend, kam näher in Ingobertus Kopf, führte ihn weg
aus dem Schauerraum an einen warmen Strand, und er
spürte die Sonne auf seiner Haut, und seine Hände krall-
ten sich ins Ufergras. Der lockende zarte Mund, dem er
sich näherte, dem er angehören wollte wie ein trunke-
ner Halm einer Quelle, der lachte. Wie Tropfen blitzten
die Töne heraus, rannen herab in Kaskaden, schäumten
wie wildes Lachen der Strudel in den großen Strömen,
und hässlich wurde es, das Lachen, das so fein begonnen hatte. Es ergoß sich über ihn, den Tölpel, dem diese
weiße Haut den Sand der Dünen ins Gesicht spie. Dieser Mund, der lockte und verstieß, dieser Mund war die
Peitsche gewesen, die ihn auf die Straßen trieb, die ihm
in Striemen seine Wollust aus dem Fleisch hieb, die ihn
diesen Mund hassen ließ, hassen, weil kein Augenblick
seine Seele ohne Sehnen war.

Nun war dieser Mund seiner Qualen im Vergehen
begriffen. Unendliche Demütigung rann aus seinen
aufgequollenen Lippen. Freudige Erregung erfaßte das
Fleisch des Ingobertus und stärkte eine Kraft in ihm,
die er auf der langen Reise verloren glaubte. Es begann
ihn die Süße des Wahnsinns zu lecken und kroch ihm
Trunkenheit ins Blut. Aufjauchzen hätte er können,
einstimmen ins höhnische Gebet, das höllisch aus dem
Feuer emporstieg und sich im Dampf der Kessel em-
porhob. Doch Gott schien diesen Weiherauch mit Füßen zu treten, denn der Rauch kroch unter der Decke

entlang, brach zusammen und stürzte auf den Boden, wo er aufzischte und verging.

Ingobertus begann einzugleiten in den Reigen von Qual und Schuld, die abgetötet werden müssen. Hexenfleisch ist gefordert, brennen soll das Fleisch, zur Reinigung der Seelen. Opferaltar sollten sie werden, die Scheiterhaufen, emporgeschleuderte Asche, vielleicht, dass Gott sein Haupt damit bedecke.

Ingobertus schaute auf den Mund, der nur ein Mund war. Ein Mund, der irgendwann jemandes Mund war, der rot auf dem Gesicht vom Strand lag. Darüber Augen, die weit weg, bereits in einem anderen Teiche neu geboren wurden. Augen, dunkel verschwommen, die sich auflösten in reinem Salz, dem man nicht mehr das Wasser der Tränen gelassen hatte. Dunkle ferne Augen. Ingobertus sah den Strand mit dem Verschmähten, der dalag und sich das Herz selbst entreißen wollte. Er sah die Augen vom Strand, blaue Kristalle, blank lachend und rauschhaft aufschäumend, blaue blitzende Augen, so klar, dass er den Blick senken mußte. Blaue Augen und ein brauner tiefdunkler Blick kreuzten sich. Ingobertus starrte nach dem roten Mund, der zu verschwinden begann, starrte auf die Augen, die nicht die Augen seiner Qual waren. Sie waren Augen von irgendjemandes Qual oder Sehnsucht, doch nicht die Augen aus dem Meer seiner Heimat. Das war nicht seine Sehnsucht, sein

Suchen und Fluchen, sein Haß, der dort eingebettet in sterbendes Fleisch an Ketten hing.

Wie unter dem Schwert des Fluches, das der bösen Lust den Knoten zertrennt hatte, so wurde Ingobertus getroffen vom Entsetzen. Abscheu und Ekel trieben ihn selbst in die Schrecken der Folter. Er begann zu rennen, doch seine Beine bewegten sich nicht, traten auf der Stelle, hoben sich schwer nur Zentimeter vom Boden. Näher kamen die Fratzen, und selbst in dieser Pein war nur Verachtung in ihm, und seine einzige Qual rief den Herrn an um Gerechtigkeit, um einen Glauben, der frei macht, der die Seele hinaufhebt, der frei macht von den Höllenseelen, die zwischen ihren spitzen Teufelszähnen den Herrn mit Gebeten bespucken.

Oh, Herr, flehte Ingobertus, lass mich dir dienen in einem reinen Glauben, hilf mir hinaus in die Welt des Lichtes, des klaren Geistes, errette mich vor diesen stumpfen Tieren, die sich dir als Menschen anbieten wollen.

Schon halb hatte er den Geist ausgehaucht in seiner Qual, und nun fühlte er sich auf einmal unendlich leicht und von einer großen Seligkeit getragen.

Er begann die Augen zu reiben, noch ehe er sie öffnete, und gerade, als er aufschaute, sah er in die klare Sonne, die sich weißgolden über einen großen Hof ergoss. Verwundert blickte der Träumende sich um, sah an sich herab, wie er wieder in einer fremden Kleidung steckte. Über engen langen Beinkleidern trug er ein knappes Wams, beides aus dunklem, festem Stoff, nur um den Halsausschnitt bauschte sich eine üppige weiße Krause aus gestärktem Leinen. Verwundert wollte sich Ingobertus umsehen, als er sich durch Geräusche im Hof abgelenkt sah. Es fuhren Kutschen vor, Wagen von einer Bauart, bei der es ihm fraglich erschien, ob sie nicht bald auseinanderbrechen wollten, so grazil, so leicht waren sie. Er sah Herren über eine breite Treppe auf einen Platz eilen. Diener, die aus fremden Haaren oder Werg eine haubenartige Kopfbedeckung hatten und in ihren bunten Kleidern fast prächtiger aussahen als die Herren, die ihnen folgten, öffneten die Tür des Gefährts, und heraus stieg die schönste Frau, die Ingobertus je im Leben und im Traume gesehen hatte. Hoch, schlank, mit weichem welligem Haar, setzte sie die Füße auf die Erde. Der glänzende Umhang, der sie verhüllen sollte, umfloss ihren Körper dabei so zart wie eine Melodie. Ehrerbietig verneigten sich die Herren vor ihr und geleiteten sie ins Haus. Nun erst betrachtete Ingobertus das Gebäude aus dessen Fenster. Auch dieser Art Gemäuer war er nie begegnet. Hier waren nicht klobige Klötze aufeinandergetürmt und schießschartenhafte Öffnungen für Sonne und Licht gelassen. Hier waren die Ritzen der Mauern nicht mehr zu sehen. Sie waren hinter einer glatten grau, ja, grau-rosa oder rötlich-grauen glatten Fläche verschwunden.

Er hörte Schritte, die, so schien es ihm, sich in seiner Nähe bewegten. Die Geräusche hatten etwas seltsam Metallenes an sich und hörten sich an wie Waffengeklirr. Angst überfiel den Horchenden, und ein Seufzer entging ihm, als sich die Schritte im Nebenzimmer beruhigten und, bald gar verstummt, von gemurmelten Worten übertönt wurden. Ingobertus, der eine nur angelehnte Tür bemerkte, schlich mit dem Ohr vorab in die Nähe, um zu hören, was es mit der Gesellschaft auf sich habe.

Erst klang die weiche Stimme der Dame in seinem Kopf, wie sie von der Macht des rechten Glaubens sprach. Süß erschien ihm die Stimme, als sei die himmlische Jungfrau selbst gegenwärtig. Die Herren sprachen von der Kraft des neuen Glaubens, der die Menschen aus den dunklen Höhlen des Aberglaubens herausführte ans helle klare Licht des Geistes.

Ingobertus' Herz sang die Worte nach und dankte innig Gott, dass er der Menschheit die Vernunft geschenkt hatte. Zum Schluß verwunderte ihn das Gespräch, denn es wurde von einem Krieg geredet um der neuen Sache willen, und die Dame fragte gar, wie es mit der Annullierung ihrer Ehe jetzt stehe, nachdem sie ihre Untertanen dem Bündnis angeschlossen hatte. Sie solle hoffen, es würde sich alles zeigen, erhielt sie zur Antwort, und die metallenen Schritte entfernten sich wieder durch die Gänge.

Ingobertus konnte das Gehörte nicht in Einklang bringen. Unruhig sah er sich hin- und herlaufen. Dann wieder sah er sich über Büchern sitzen, sah sich lateinische Wörter abschreiben und lief wieder auf und ab.

Dann hörte er erneut Getümmel im Hof und sah, dass man einen klapprigen Wagen, beladen mit elend zugerichteten Gestalten, heranfuhr. Der Karren wurde sogleich von Bewaffneten umringt.

Schritte kamen wieder klirrend durch die Gänge, um sich im Nebenzimmer auszuscharren. Rabenfutter, Beute eines Sieges, an die Bäume damit, waren die Wortfetzen, die zu Ingobertus, dessen Herz wild klopfte, herüberdrangen. Die Stimmen wurden lauter, aber undeutlicher das Gesprochene, lallend fast, und es roch nach Wein. Der Karren wurde derweil aus dem Hof gefahren, und man hörte nur das Gerumpel der Räder. Die Geräusche im Nebenzimmer verstummten, Ingobertus stand am Fenster und sah dunkle Raben kreisen.

Mit den Vögeln kreiste die Zeit, und Ingobertus sah noch manchen Karren mit Rabenfutter ankommen, hörte von Kämpfen um des Glaubens willen, sah, wie Truhen ins Haus geschleppt wurden und hörte die Münzen über die Steine rollen.

Einmal sah er auch die Dame wieder kommen, noch prächtiger als vorher ging sie an der Hand eines Herren, und beide waren in Pelzwerk eingehüllt, das weiß wie frischer Schnee glänzte. Der Umhang der Dame war beim Treppensteigen etwas auseinandergeglitten, und Ingobertus sah darunter ein Gewand, von dem es schien, als hätten tausende Spinnen im Spätsommer daran gewoben, so fein und durchsichtig glitzerte es zu ihm her.

Ihm war, und das verwirrte ihn, dass das Antlitz der Dame jedoch nicht mehr so schön, so engelgleich rein war, es schien, als habe der Winter ihre Züge erstarren lassen. Der Nacken, der ihm so anmutig geneigt in Erinnerung haftete, stolzierte nun hochmütig gerade auf harten Schultern. Er wollte dieses Bild auswischen, war es ihm doch von den Raben verdunkelt. Als er die Stimme im Nebenzimmer vernahm, war da nicht mehr der marianisch süße Klang, den er als so beglückend empfunden hatte. Hart waren die Töne, fast so klirrend wie die Schritte der Männer oder so hohl metallen wie der Klang der Becher, wenn sie den Trunkenen aus den Händen fallen. Sie lachte über ihren Triumph, und alle sprachen vom Siegen, und die Dame gurrte den pelzbesetzten Herrn zu, wie gut die neue Religion doch sei. Truhendeckel klapperten, und unten fuhr ein Wagen voll Rabenfutter in den Hof.

Ingobertus sah sich auf und ab gehen in dem Zimmer, das ihn zum Lauscher und Beobachter machte. Schneller schlug ihm das Herz, und schneller bewegten sich seine Füße. Die Dame war gegangen, es wiederholten sich die Bilder, es wurde der Himmel immer dunkler, und es schrien die Raben immer lauter.

Es drehten sich die Jahreszeiten, der Sommer stand hoch, doch nicht der Geruch von gemähten Wiesen hing in der Luft. Es war, als ob die Hölle Schwefeldämpfe aus dem Innern der Erde ausstieß, und wenn der Wind sich drehte, zog er den Dunst der Verwesung mit sich.

In den Hof sah Ingobertus seltener die Karren kommen. Die Menschen, die sich ab und an über die Steine bewegten, gingen langsam und gebückt und hatten trotz des Sommers die Tücher eng um die Schultern gebunden. Einzig der Klang der metallbeschlagenen Stiefel und der Säbel blieb gleich, wenn die Herren sich im Nebenzimmer versammelten.

Wieder trat eines Tages die Dame in Ingobertus Traumbild ein. Sie trug ein sommerliches Kleid, das den Hals bis zur Brust freigab und ebenso die Arme unbedeckt ließ. Ihre Haut war alt geworden, schlaff, und hatte die Festigkeit der jungen Jahre verloren. Ihr Gesicht lag in Falten, über denen sie eine dicke Maske trug, die wie Blütenstaub weiß schimmerte. Der Herr an ihrer Seite war noch prächtiger gekleidet, aber sein Leib war aufgedunsen, und vom Kinn abwärts hing die Haut in Falten auf die steifen Spitzen über seiner Brust.

Im Nebenzimmer hörte Ingobertus das Holz stöhnen, als sich der Prächtige darauf fallen ließ. Die Stimme der Dame kam zischelnd aus einem zahnlosen

Mund. Das kindische Gelächter der Greisin rann wie die Perlen aus einer gerissenen Schnur über die steinernen Fliesen.

Vom endgültigen Sieg redeten sie, davon, dass man sich anpassen müsse, dass man oben bliebe und die Macht behalte. Die neue Religion sei wahrscheinlich doch eine Irrlehre gewesen, denn auf ihrem Gebiet schienen die anderen zu siegen, und wichtig sei nur, zu siegen.

Beifällig schnatterte die Alte, und der Dicke sagte, man müsse nun auch den anderen zeigen, dass man nie die rechte Religion verlassen habe.

Krieg, ja, Krieg gäbe es immer, und er sei noch notwendig dazu, nur sei es wichtig, dass einige den Überblick behielten.

Unten in den Hof rumpelte ein Wagen, vollgepfercht war er, doch dieses Mal sangen die Menschen. So gequält ihre Blicke auch zum Himmel gingen, er tat sich nicht auf über ihnen, und keine Blitze fuhren herab auf die Schinder, aber trotzdem sangen die Menschen noch, als der Wagen den Hof wieder verließ und die Raben krächzten.

Im Nebenzimmer redeten sie von einem Sieg derer, bei denen jetzt ihre Waffen standen, und von Aufwieglern, die endlich die gerechte Strafe gefunden hatten.

Ingobertus stand ganz still. Alles in ihm war der Verzweiflung hingegeben. Er hatte nicht verstanden, was alter und neuer und echter und falscher Glaube waren, er hatte nur gesehen, dass es gleich war, welcher Richtung die Menschen angehörten, wenn sie zum Volk gehörten. Die in Seide gingen konnten daraus Fahnen schneiden und den Wind abpassen, die anderen aber waren Rabenfutter.

Oh Gott, bat Ingobertus, lass Gerechtigkeit herrschen in deinem Reich, lass Freiheit walten und mach die Menschen gleich. Herr, schrie nun Ingobertus, wie willst du dein Reich kommen lassen, wenn du nicht einmal hier Gerechtigkeit zeigest?

Herr, mache uns gleich, lass uns Brüder werden. Gerechtigkeit, so drang es aus Ingobertus, und es war ihm, als ob sein Rachen mit diesem Wort aufgerissen würde.

Alles versank ihm in diesem gequälten Wort. Er meinte, dass sich die Zeit um ihn drehte, dass sie versuchte, nach ihm zu greifen, auf ihn einzuhaken, wie die kreisenden Raben am Horizont.

Obwohl unter ihm alles versank, was eben noch war, wurde das Wort Gerechtigkeit immer lauter in seinen Ohren, ballte sich seine Faust und hieb gegen den Himmel, marschierten seine Füße im Rhythmus von blechernen Trommeln. So wie seine Füße schon marschierten, so gingen nun auch seine übrigen Glieder mit im Takt einer unbekannten Melodie. Er bewegte sich vorwärts inmitten einer Masse, die drückte und schob, doch alles beim Klang einer Musik, die wie von Trompeten ausgestoßen aus den Kehlen der Marschierenden hing.

Nur langsam begann er, auch zu sehen. Eingeklemmt schritt er unter Menschen, die in seltsamen bunten Lumpen gingen. Da hing einem eine Hose aus glänzendem Stoff über nackten Beinen, und ein anderer trug eine runde hohe, rote Mütze. Frauen hatten das Mieder aufgerissen und sich zerfetzte Spitzen ins Haar gesteckt. Mitten in diesem übel riechenden Haufen Menschen, der vorwärtsdrängte, marschierte Ingobertus, er, der träumende Ingobertus, sah sich lauter als alle anderen nach Gerechtigkeit schreien. An sich herunterblickend bemerkte er seine seltsame Gewandung. Er trug über einer Lumpenhose, die mit einem Strick um den Bauch gehalten war, eine Jacke aus meergrünem Samt, und dort, wo sich seine schmutzigen Hände aus den Ärmeln streckten, hingen noch die Reste feiner Spitzen. Ebenso waren die Rockaufschläge mit Borten verziert, die nun aber nur noch in Fetzen auf dem Samt lagen.

Jäh kam der Zug zum Stillstand. Noch mehr Enge, noch mehr Gedränge. Die Nachrückenden warfen sich den zum Stehen Gelangten auf den Rücken, und das Schieben und Drücken nahm erst ein Ende, als das Lied verstummte, und die Melodie der Posaunen und Schellen von Fanfarenstößen hinweggeschleudert wurde, und ein Trommelwirbel die Luft, die dickflüssig wie gerinnendes Blut war, zerriss. Das hundertfältige Knallen der Trommelstöcke zerrann und kam als bedrohlich monotones Schlagen wieder, gleichbleibend dumpf. Im gleichen Ton, den der dunkle Paukenschlag riss, dröhnten schwerbeschlagene Räder holpernd über die dunklen Steine des Platzes. Ingobertus, der eingekeilt stand, hörte auf die Vorgänge eher, als er sie sehen konnte. Nur wenig erhaschte sein Suchen von dem großen Platz, der inmitten hoher gelbfahler Häuser lag. Zottige Haare, rote Mützen und ein lächerlicher Zierrat schlugen immer wieder in Wellen vor seinen Augen zusammen und versperrten die Sicht auf eine hölzerne Bühne, die Mittelpunkt und Kernstück des Geschehens war. Bewegung kam auf die Bretter, farbige Gestalten, gekleidet in ein Etwas, das einer Uniform gleichkam, feierten sich in grandioser Wichtigkeit auf dem Podest.

Ingobertus fühlte seinen Leib eingezwängt, zusammengedrückt, so dass er hätte schreien mögen, aber kein Laut konnte aus seinem Munde entweichen.

Man zerrte einen Mann auf das Gerüst, der eigentlich jammern und klagen sollte, so erbärmlich war er zugerichtet, trug nur Hemd und Hose, und Fetzen einer ehedem grünen Weste hingen von seinen Schultern. Sein Kopf jedoch war gerade erhoben und der Nacken ungebeugt, obwohl nicht eine gepuderte

Perücke ihn den Kopf gerade zu halten zwang, sondern nur schütteres Haar am Schädel klebte, verkrustet entlang einer langgezogenen roten Wunde. Ingobertus hörte die Menschen den Atem anhalten, so wie jemand sich wollüstig konzentriert, um einer großen Lust teilhaftig zu werden. Der Mann da oben war ihr Kandidat, ihr Freudenfest sollte er gestalten, so zischte es um Ingobertus. Heimzahlen wollten sie es ihm, und niemand wusste eigentlich, was gerade ihm. Sein Name war unwichtig, er war einer von denen gewesen, Ingobertus verstand nicht, wer die, die anderen waren, die offensichtlich in die Hände derer gefallen waren, die sich nun rächten.

Wilde Fratzen begannen ihn zu umtanzen, die durch die ruhige Gleichgültigkeit des Mannes da oben noch gespenstiger wurden. Ingobertus hörte keine Geräusche mehr, sondern sah nur noch Bilder, bunte, verzerrte Aufnahmen, die ihm wie Kinderspiele in grausigen Kostümen erschienen.

Nun zog man den Mann zu einem Gerüst, das hochhölzern in die Luft ragte. Ein Mensch, der sein Gesicht mit einer Kapuze bedeckt hatte, fuhr zärtlich über das Holz der großen Maschine, dem Stehenden band man derweil die Hände auf den Rücken. Ingobertus blickte zu Boden, doch kam sein Blick nur bis zu der meergrünen Samtjacke, da seine untere Hälfte eingeklemmt in der Menge steckte. Eine seltene Farbe hatte sein Rock, und als er wieder aufblickte, da hatten die Beinkleider des Mannes auf dem Podest die gleiche Grünfärbung, und an seiner zerrissenen Weste waren die gleichen Stickereien wie an Ingobertus Jacke.

Ein großer Schrei stieg auf in Ingobertus. Er wusste nichts anzufangen mit den Bildern, die ihn quälten. Wozu trug er die Jacke des Mannes, dem sie da vorne unerreichbar ferne getrennt durch die Mordlust einer rasenden Masse Tier Gewalt antaten? Herr, lass mich nicht schuldig werden. Herr, lass uns die Freiheit nicht beschmutzen. Herr, ich habe nur Gerechtigkeit gesucht. Ingobertus fing an, wild um sich zu schlagen und vorwärts zu drängen, so dass die Umstehenden von ihm abrückten und sich eine schmale Gasse bildete. Sie zeigten auf seine Jacke und dann auf den Mann, und dann nickten sie anerkennend. Sie ließen ihn vor, als vermeinten sie, er habe ein Recht auf einen guten Platz beim letzten Akt. Die Menge erfasste ihn und drückte ihn vorwärts, gerade auf das Gesicht des Mannes zu, dessen Kopf sie auf die Maschine gelegt hatten.

Ingobertus wollte brüllen, Halt gebieten, doch immer noch konnte kein Ton seinen zum Bersten angestrengten Brustkorb verlassen. Er sah in das Gesicht des Mannes, um dessen Mund ein Lächeln zuckte und dessen Augen dem stumm Schreienden zuzublinzeln schienen. Doch schon waren die Blicke getrennt durch das herabstürzende Beil, wurden hunderte hochgerissene Arme zu Kreuzen, deren Querbalken aus geschwenkten Hüten bestanden.

Tiefe Nacht breitete sich über Ingobertus Seele. Ein grollend mächtiger Zorn stieg aus diesem Abgrund hervor und spukte fontänenhaft Hass und Verachtung auf die lustig hüpfenden Kreuze.

Herr, schrie Ingobertus, ich verachte dich mit denen, dass du dich mit ihnen gemein machst, dass du nicht herniederfährst, sei's drum, Herr, du hast mich in tausend Abgründe geführt, als ich auf der Suche war. Du sollst mein Gott nicht länger sein, ich will mir eine Welt suchen, die dich nicht mehr braucht, denn die Zukunft des Menschen kann nur in deiner Überwindung liegen.

Noch als sein Traum ihm das sprach, fühlte er sich emporgehoben, nicht äußerlich, sondern durch ein Gefühl ungeheuerlichen Wohlbefindens, und weich gebettet sah er sich erwachen in einer gläsernen Landschaft, auf einem Ruhebett liegend, fast unbekleidet und von Wärme beschienen. Vergeblich spähte er nach der Sonne, die diese sanfte Wärme brachte, nach dem Himmel, der Luft, horchte angestrengt auf Laute der Natur.

Er glaubte sich in eine fremde Sternenwelt versetzt. Aus vielen Ecken schienen kleine Sonnen durch alabasterne Bälle. Er erhob sich und ging umher. Pflanzen umstanden in großen Kübeln einen Teich. Die Hände

des verträumt Stehenden fuhren über die Blumen, die knisterten. Näher beschaute er sie, ihre Farben waren zart, doch kein Duft ging von ihnen aus. Er fühlte erneut und spürte doch kein Leben in den Pflanzen. Sie bestanden aus einem Material, das er nicht kannte und das sich fast anfühlte wie grobes Leder. Er wusste nicht, ob er sich in einem Raum oder in einer Landschaft befand. Der Boden, über den er barfüßig schritt, war aus glasierten Steinplatten, die in Mustern und Farben Wege anzeigten oder Gras und Blumen vortäuschten. Wasser, kleine Bäche und Teiche gab es. Sie waren jedoch in steinernen Wannen und Bahnen gefangen und standen ruhig und still. Keine Pflanze schmiegte sich an ihren Rand, und kein Fisch bewegte die Wellen. Ingobertus' Blick ging nach oben zu den Sonnenbällen, und auch hier vermochte er nicht zu erkennen, ob sich ein Himmel oder eine Decke über ihm wölbte. Was er sah, sah aus wie der Spiegel des Wassers, das verkehrt herum nun eine Decke bildete. Wie ein Zelt aus Wasser schien dieser Himmel. Alles um ihn her war eigenartig, doch so sehr er sich auch fragte, wo er sich wohl befand, so ruhig war er auch, so angenehm wohl war ihm, so mit einem Male sorgenlos schien ihm das Dasein.

Er schlenderte, nur mit einem Tuch um die Hüften bekleidet, weiter, besah sich diese neue Welt und wäre beinahe gestolpert über Schnüre oder Seile, die aus dem gleichen Material zu sein schienen wie die geruchlosen Pflanzen. Sie waren grau und waren etwas verdeckt von den grünen Matten, die Wiesen vortäuschten. Er hob eines der Seile hoch, roch und zog daran, und entsetzte sich, als plötzlich die Sonne über ihm zischte und erlosch. Erschrocken war er, doch da kam ein Mensch, der erste, den Ingobertus in dieser so toten Landschaft sah. Ein schöner junger Mann mit zarten, mädchenhaften Zügen ging auf ihn zu, nahm ihm das Seil, das die Sonne zum Verglühen gebracht hatte, aus der Hand, und legte es auf die Erde zurück. Dann ging er zu einem der toten Bäume und zog auch dort ein Seil hervor, an dessen Ende ein unförmiger Knoten war. Den Knoten steckte er in eine Öffnung zu Füßen des Baumes. Die Sonne, die eben noch als winziges rundes Etwas über ihnen hing, sprang mit einem fahlweißen Licht wieder in den Reigen der Sonnenbälle zurück.

Ingobertus staunte, und noch als er sich dieses Wunder näher besehen wollte, winkte der junge Mann, ihm zu folgen.

Sie schritten durch die Landschaft, bogen um Ecken, doch hinter keiner Biegung wechselte das Bild, gab es andere Pflanzen, waren andere Blumen auf die Steine gemalt.

Sie gingen zu einem Platz mit einem Tisch, zu dem mehrere Menschen zogen. Der Tisch sah aus wie ein Altar, stand erhöht, und es schien, dass die Menschen

um ihn zu stehen kamen, als wollten sie etwas emp-
fangen.

Schon griffen sie auf die Tischplatte, und Ingobertus konnte erst nicht erkennen, was es da zu greifen
gab. Erst, als alle Hände zurückgezogen waren, sah
er, dass für ihn übrig eine winzige Kugel lag von der
Hälfte des Eis eines Strandläufers und von der Farbe
fahler Steine. Alle hatten sie diese Kugel verschluckt
und nickten nun auch ihm zu, gleich zu tun. Wider-
willig nur steckte er das kleine runde Ding in den
Mund und wartete darauf, dass sein Magen dagegen
anwürgen werde, doch nichts dergleichen. Geschmei-
dig rutschte das Kügelchen durch den Schlund, und
es kam ihm vor, als habe er ein recht köstliches Mahl
verzehrt, verführt war er gar, sich die Lippen zu lecken. Er war wohlig satt, und auch kein Durst machte
ihn begierig zu trinken.

Er glaube fast, sich unverdienterweise im Paradiese
zu befinden, und wohleingedenk seiner Worte gegen
Gott fühlte er sich unbehaglich.

Schon bald fiel ihm auf, dass es keine Zeit mehr gab
in diesem Paradies, und er empfand es als schön, dass
nicht mehr die Tage gefüllt waren von arbeitsamem
Licht, aus hektischem Morgenrot und huschender
Dämmerung bestanden, auch keine bleierne Nacht
öffnete den dunklen Geistern die Arme.

Hier waren die vielen Sonnen gleich mild, sie

sandten ihr Licht in geraden Bündeln auf den Boden, und nichts unter ihnen hatte einen Schatten.

Es begann mit den wiedergefundenen Kräften die Neugierde zu nagen, und er wusste wohl, dass bei seiner Wanderung durch die irdischen Hüllen seiner Existenz ihn immer wieder die Neugierde in die größten Schwierigkeiten gebracht hatte.

Er nahm zu den Zeiten, wenn die hellmetallenen Klänge ertönten, seine Mahlzeit zu sich. Nie hatte etwas anderes auf dem Tisch gelegen als die winzigen Kügelchen, und nun, da er begann, die Vorgänge zu beobachten, war er sicher, dass nie andere Farben oder andere Mengen angeboten waren.

Er besah sich seit geraumer Zeit die jungen Menschen, mit denen er zum Essen zusammenkam. Alle waren sie schön und von einer gleichförmigen Makellosigkeit, sie waren alterslos, und die größte Freude, die sie zu kennen schienen, zeigte sich auf ihren Gesichtern, wenn sie im Vorübergehen ihr Spiegelbild in den glatten Flächen der Wasser sehen konnten. Dann begannen sie, sich tief zu beugen, sich zuzulächeln, und diese Erscheinung, die sie von sich selbst hatten, zu liebkosen.

Untereinander sahen sie sich nicht an, auch an ihm gingen sie vorüber, als wäre er der toten Landschaft zugehörig.

Seltsam wurde Ingobertus der Gedanke, dass diese Art des Zusammenlebens ausgerechnet im Paradies gepflegt werde. Er begann die Gesichter genauer zu studieren, es schien schier unmöglich zu sagen, ob es immer die gleichen Menschen seien, die er sah oder ob neue kamen und alte gingen. Die Anzahl war immer gleich, zu der Mahlzeit waren es 12. Oft dachte er, dass er bei manchen eine andere Art, den Kopf zu halten, beobachtete, oder einen winzigen Größenunterschied, jedoch vermochte er nicht zu sagen, in welchen Abständen sich ihm eine derartige Erscheinung aufdrängte, da das gleichförmige Dasein in seiner eindämmernden Wohligkeit keine Zeit kannte und den Wunsch nach Zeit auch nicht aufkommen ließ.

Eine gewisse Unruhe, die vorerst noch kribbelnd durch seinen Geist zog, machte sich in Ingobertus bemerkbar.

In einem größeren Umkreis wollte er seine Wanderungen ausdehnen, doch war er oft nach einiger Zeit so angenehm müde, dass ihn die einladenden Ruhebetten verführten, und ehe er erholt war, kam schon der Klang zum Essen, und er folgte dem Laut, auch wenn er einmal vermeinte, es sei, als ob der Ton an seinen Haaren hing und ihn nicht gehen ließ, sondern zog. Immer näher und unausweichlicher fühlte Ingobertus die Entscheidung auf sich zukommen, eine Möglichkeit, sich aus der Bequemlichkeit zu befreien, die ihn umgriff, schien ihm, das Essen zu verweigern. Als er wiederum von den Klängen zum Tische gezogen, die

kleine Kugel zum Mund führen wollte, behielt er sie, einer raschen Eingebung folgend, in der Hand.

Es geschah ihm zwar, dass er meinte, eine Feuerzange in seiner Hand zu halten, die sich in Windeseile zu einem stechenden Eiszapfen verwandelte und mit aller Gewalt zu seinem Munde hin drängte. Doch er hielt sie fest umschlossen, und bei der ersten Biegung warf er sie in einen Wasserlauf. Im Davoneilen sah er noch, wie es im Wasser zu brodeln und zu kochen begann.

Von diesen unheimlichen Vorgängen getroffen, rannte Ingobertus in eine Richtung, gleichwohl er nicht wusste, welche. Seine Sinne wurden schärfer, und er glaubte Geräusche zu hören, es war ein Schlagen, ein Sägen, ein Hämmern, nur leise, aber es war da. Geradewegs rannte er und stieß gegen eine ungesehene Wand. Benommen rieb er sich den Kopf, wollte sich schon umdrehen, um nach der anderen Richtung weiterzulaufen, als er bemerkte, dass man durch diese Wand hindurchsehen konnte wie durch die klare Oberfläche eines Baches.

Vor ihm weiter unten stand ein weißes Gebäude, von den Ausmaßen eines großen Würfels, das nur ein Tor hatte, keine Fenster. Aus diesem Tor, das geöffnet stand, zog sich ein breites, graues Band, wie eine Straße. Darauf standen die schönen jungen Menschen, sie standen ganz still, hatten die Hände angelehnt, trugen die gleichen weißen Gewänder, wie er sie schon kannte und hatten die Füße nebeneinanderstehend geschlossen, so daß es aussah, als seien sie Figuren aus Gips. Die graue Straße unter ihnen kroch wie gezogen oder geschoben vorwärts, sie standen ruhig darauf und schienen dahin gefahren zu werden, wo Ingobertus sich befand.

Ingobertus begann in die andere Richtung durch das tote Paradies zu rennen. Der Ton zum Essen erklang, doch das ließ ihn diesmal gänzlich unberührt, er verspürte sich nicht gerufen und ging geradewegs auf eine Öffnung zu, die er erst jetzt wie ein großes Tor erkannte. Dies schien der Ausgang aus dem Land der toten Sonnen zu sein. Schon wollte er sich hinausstürzen, als er das Geräusch von schweren Stiefeln vernahm.

Er drängte sich in eine Nische, hielt den Atem an, mehr die Gefahr ahnend, als sich ihrer bewusst zu sein. Es streifte ihn eines der weißen Hemden, die die jungen Menschen trugen. Als er aus seinem Versteck hinauslugte, sah er einige der weißen Kleidungsstücke am Boden liegen, und als er hochschaute, sah er die jungen Menschen in graue Anzüge gekleidet, in den Marschrhythmus der schlagenden Stiefel eintreten und aus dem Tor marschieren.

Er folgte ihnen in einigem Abstand, sah sie über einen Hof ziehen zu einem großen Gebäude, aus dem Hämmern und Sägen und Zischen kam. Jeder der grauen Männer ging einzeln vor, stand ruhig und gerade, und Ingobertus konnte sehen, wie aus dem Gebäude ein riesiger metallener Arm, gelenkig wie Spinnengebein, herauskam und den Grauuniformierten mit sich trug in eine Welt von Maschinen und Rädern und Dampf. In dem Gebäude wurden die Graugekleideten von dem Maschinenarm an einen Platz gestellt, wo sie ähnlich den Maschinen die gleichen Bewegungen vollführten, er sah einen, der reichte den rechten Arm nach rechts, führte ihn zurück, hob den linken in die Höhe, nahm ihn zurück, führte den rechten Arm nach rechts und immer so weiter.

Schon war auch in Ingobertus eine Art der Monotonie eingekehrt, als er einen der metallenen Greifarme auf sich zukommen sah.

Mit einem Male erwachten alle Lebensgeister in ihm, er schrie, trat um sich, kroch, rannte, rutschte aus, fiel hin, und ob all der Unbill spürte er zum ersten Male seit dem Anbeginn seines Traumes einen echten Schmerz. Ein Brennen seiner Haut, und ebenso erging es ihm mit seinen Augen. Sie schmerzten, brannten, und wenn er sie öffnete, sah er die Astkronen der Buchen über sich und einen grauhellen Himmel darüber. Nun schoben sich zwischen den Himmel und die Äste Menschengesichter, graubärtig mit braunwollenen Umhängen. Es schwanden Ingobertus die Sinne, denn er glaubte nicht, eine neuerliche Plage überstehen zu können.

Herr, bat Ingobertus, vergib mir. Ich will in jeder Welt leben, die dich kennt und müsste ich mit eigenen

Händen den Kampf gegen das Böse darin und darunter führen. Herr, vergib mir, dass ich glaubte, eine Welt ohne dich könnte Erlösung bringen.

Wenn du mich je wieder aufnimmst ins Leben, dann will ich zu jeder Stunde dich ehren, und an dieser Stelle will ich dich im Gebet suchen.

Nun wissen wir nur, dass Holzarbeiter mit ihrem Sägen und Hämmern innehielten und den entkräfteten Wanderer in ihre Hütte brachten.

Dort blieb er, gerade bis der Frühling den Winter hinweggetaut hatte, dann war er mit einem Male verschwunden. Nur Spuren in der nassen Erde zeigten, dass er den Weg hochgestiegen war zu der Höhle, aus der er damals mitten in ihre Arbeit hinein herausgestürzt kam.

Die Höhle war auch wieder von innen mit Astgeflecht verschlossen.

Schon bald wusste man von vielen wunderlichen Dingen und gar von Grollen und Schnauben tief im Berg zu hören. Die Holzarbeiter machten um den Platz einen Bogen und ließen die Buchen unbehelligt wachsen.

Ingobertus wurde nie mehr gesehen, und bald sagten die Leute, er sei tief in den Berg hineingezogen, wo die Zukunft des Menschengeschlechtes verborgen sei, und dort kämpfte er gegen die bösen Mächte der Unterwelt, damit sie keinen Anteil haben an den Menschen, die um den Berg wohnen.

Und immer noch, wenn die Zeiten bedrohlich werden, hören die Wandernden rund um den Stiefel das Grollen aus der Erde, und manche bekreuzigen sich und hoffen, dass Ingobertus in den Tiefen für sie den Weg freihält, wenn auch sie hinuntersteigen müssen.

So kennen wir ihn nicht, den Heiligen der Stadt, aber wir wissen, dass er uns schützt, gleich dem blauen Himmel über uns, uns so lange schützt, wie unser Gebet in dem seinen Einklang findet im Reigen der Zeit.

Die Ingobertusstatue
des Künstlers Rupert Fieger

Dr. Werner Sonn

Seit April 2014 erhebt sich am südlichen Stadtrand von St. Ingbert die Ingobertusstatue des Eichstätter Bildhauers Rupert Fieger. Im Folgenden soll das seinerzeit umstrittene Werk in seinem Sinn erschlossen und gewürdigt werden.

Gehen wir davon aus, dass in einem Kunstwerk alles notwendig ist! Nichts ist hier zufällig, sondern eins mit dem anderen verbunden und eins aus dem anderen hervorgehend.

Zufällig könnte an der Statue des Ingobertus allenfalls das zu ihrer Rechten aufragende Kreuz erscheinen, notwendig höchstens für den Betrachter, dem hier ein Hinweis auf den religiösen Charakter der dargestellten Figur gegeben wird. Aber das in die Erde gepflanzte Kreuz ist hier ein notwendiges Element der Handlung, in der sich uns Ingobertus darstellt oder uns mit ihm sozusagen gleichzeitig werden lässt. Denn das Kreuz ist zugleich der Wanderstab, den er in den roten Sandstein gesteckt hat, der durch die grünen Wälder St. Ingberts leuchtet. Er bedeutet: »Hier will ich bleiben; hier habe ich das Ziel meiner Wanderschaft erreicht.«

(Wobei sich gleichzeitig zeigt, dass auch das Material für das Standbild nicht zufällig, sondern auf die Substanz des Bodens, den Sandstein, auf den St. Ingbert sich gründet, gewählt ist.)

In diesem Augenblick, in dem er das Ziel seiner Wanderschaft erreicht hat, drückt die rechte Hand das Evangelienbuch auf das Herz, Ingobertus schließt die Augen und versinkt im Gebet.

Von dieser rechten Hand führt der Arm über die schmalen Schultern in einer Art Kreisbewegung über den linken Arm zur industriellen Entwicklung der späteren Stadt, denn die linke Hand ist über eine Art Berg gelegt, in den mehrere Stollen hineinführen, und es ist eine schwere, ausgemergelte, im Vergleich zum zarten Jünglingskörper des Ingobertus übergroße Arbeiterhand, die sich gleichsam schützend oder segnend darüberlegt. Dass aber auch die dort unten Arbeitenden den Glaubensboten und seinen himmlischen Auftrag nicht vergessen haben, bezeugt auf der gegenüberliegenden Seite die steil aufragende Kirche, deren Spitze auf das ans Herz gedrückte Evangelienbuch zurückweist.

Folgen wir dieser Bewegung, so gelangen wir wieder zum Kopf des Heiligen, der sich uns bei näherem

Hinzutreten und genauerem Betrachten in seiner auffallenden Schönheit zeigt. Wider Erwarten handelt es sich dabei nicht um den Kopf eines von der anstrengenden Wanderschaft gezeichneten Mannes oder eines hageren Eremiten, sondern um den eines Jünglings, der unmittelbar an Vorbilder aus der klassischen griechischen Kunst erinnert. Dafür sprechen nicht nur die idealisiert ebenmäßigen Gesichtszüge, sondern in ausgesprochener Weise der edel geschwungene Mund und die sorgfältige Haartracht, wie wir sie von griechischen Statuen kennen. Wie kann man dies anders verstehen, als dass diese Erinnerungen an die gleichsam engelhafte Schönheit der griechischen Bildnisse auf eine versteckte Art Ingobertus als Boten aus einer höheren Welt bezeichnen?

Treten wir nun noch einmal zurück und fassen das ganze Bildwerk ins Auge, so kann es uns darüber hinaus an eine berühmte Bühnengestalt bzw. eine berühmte Bühnenszene erinnern, nämlich an den Auftritt Lohengrins am Hofe von Brabant. Wie dieser vom Schwan an den Ort der Erfüllung seines himmlischen Auftrags geführt wurde, so scheint Ingobertus hier vom Geist Gottes an den Zielort seiner Sendung geführt.

Es versteht sich bei alledem, dass die auffällige Jugendlichkeit unseres Ingobertus nicht im historischen Sinne zu verstehen ist – so, als sei er tatsächlich als junger Mann nach dem späteren St. Ingbert gekommen, was zwar möglich, aber nicht bezeugt ist –, sondern den naheliegenden Sinn hat, die Unverbrauchbarkeit, Frische und ewige Jugendlichkeit des von ihm verkündeten Evangeliums widerzuspiegeln.

Mein Freund, der Künstler Rupert Fieger

Domkapitular Franz Vogelgesang

»Die Figur war schon in dem rohen Stein drin. Ich musste nur noch alles Überflüssige wegschlagen.« Vom Renaissancekünstler Michelangelo soll dieser Satz stammen, den er gesagt haben soll, nachdem die Bewunderer der berühmten Figur des David von Florenz ihn ob seiner höchsten Perfektion und Schönheit lobten. Ein solcher Satz könnte auch – mit Verlaub – aus dem Mund von Rupert Fieger zu hören sein. Der stämmige Künstler aus dem Barockstädtchen Eichstätt hat einen feinen Humor. Und der ist – von Michelangelo weiß ich das (leider) nicht – mit allerlei anderen Ingredienzen gepaart.

Er liebt das Schöne in jeglicher Form – für einen Künstler die Grundausstattung schlechthin. Da ist zuallererst natürlich die Liebe zur Architektur und Kunst, also quasi zu allem, was an Gebautem und Gemaltem zu bewundern ist. Dann aber auch Musik, Literatur, Philosophie und Theologie. Das hilft enorm.

Nicht, um schöne Grabmale herzustellen. Und nicht zuletzt und unbedingt erwähnenswert: Rupert Fieger liebt die kulinarischen Freuden! Er schwärmt für einen guten Riesling aus Deidesheim, ganz sicher auch für »e Ringel Lyoner aus Dingmert«. Er ist in all diesen Bereichen bewandert im wahrsten Sinne des Wortes, denn als Schüler, Ministrant, Student, Ehemann und Vater von vier prachtvollen Kindern war und ist er in halb Europa unterwegs, vornehmlich in Italien und Frankreich, um diese Kultur des Schönen und Guten in sich aufzusaugen. Und jetzt sprudelt es aus ihm heraus – wie wunderbar!

Der gebürtige Bayer hat noch etwas, was mich sehr beeindruckt. Es ist seine handfeste Grundausstattung an gesundem Menschenverstand und – das freut mich als Theologe und Pfarrer natürlich besonders – eine ebenso geartete Frömmigkeit. Seine Bodenständigkeit fällt nicht einfach vom Himmel. Ich konnte sie entdecken, in der Gegend, aus der er stammt. Rupert Fiegers Heimat ist nämlich ein kleines Dörfchen, das im Dreiländereck der Volksstämme der Schwaben, der Franken und Bayern liegt. Etwas abgelegen vom Trubel der Welt ticken dort die Uhren noch ein wenig anders: bedächtiger, naturverbundener, traditionsbewusster, verwurzelter und … katholisch im besten Sinn des Wortes. Höchste Fachkompetenz, die nicht abhebt, sondern auf dem Boden der real existierenden Welt mit allem, was dazugehört, bleibt. Aber es ist eine Realität, die sich verwurzelt im Glauben, der alles noch einmal übersteigt und ihr einen anderen Glanz gibt, der nicht von dieser Welt ist. Das ist kurz gesagt die Weise, wie man als Christ in dieser Welt lebt. So ist Rupert Fieger.

Mit den Fiegers verbindet mich seit meinen Studientagen in Eichstätt eine wunderbare Freundschaft.

Ich kenne seine Eltern, seine Geschwister, seine Frau, seine Kinder, ich kenne seine Heimat. Wir haben schon einiges miteinander erlebt, Schönes und Trauriges, Leben und Tod. Auch als »Kunde« seiner Steinmetzkunst habe ich ihn vor Jahren noch einmal mehr schätzen gelernt. Da nämlich, als ich mit meiner Familie ein Grabmal für meinen Vater in Auftrag gegeben habe.

Natürlich kenne ich auch den Heiligen Ingobertus, ein wirklich gelungenes Werk! Jugendlich, mit Kreuz und Evangelienbuch – so steht er da. Er erinnert an die Anfänge des christlichen Glaubens in unserer Region und gibt dem Städtchen St. Ingbert den Namen. Ich wünsche mir sehr, dass sich der christliche Glaube in jeder Generation erneuert und immer wieder jugendliche Frische ausstrahlen kann. Ich wünsche mir, dass er das feste Fundament der Werte ist, auf die unsere

Gesellschaft bauen kann. Ich wünsche mir, dass das jede und jeder versteht über alle Konfessionen und Religionen hinweg.

Vom antiken Heidentum zur christlichen Volksreligiosität und Heiligenverehrung

Albert Christian Sellner

Vorbemerkung

Die Wissenschaft ist früher meist stiefmütterlich mit dem Volksglauben umgegangen. Das Thema Religion wurde eingeengt auf philologische und dogmenhistorische Interpretation der kanonischen Texte. Besonders in der deutschen Geschichtswissenschaft mit ihren protestantischen Prägungen wurde streng geschieden zwischen wissenschaftlich geadelter Theologie und Volksglauben, der mit Christentum im eigentlichen Sinne nichts zu tun hat. Katholische und orthodoxe Formen der Gläubigkeit wurden bestenfalls als Volksbräuche, schlimmstenfalls als Aberglauben und Obskurantismus beschrieben.

Die moderne Religionswissenschaft hat solche beschränkten Sichtweisen hinter sich gelassen. Man hat sich heute weitgehend auf die Definition geeinigt, dass als Religion dasjenige Handeln zu verstehen ist, das von den handelnden Menschen als religiös verstanden wird. Eine solche Perspektive, die nicht vorschnell zu Verdikten des Aber- und Irrglaubens greift, kann auch neue Tore für die Verständigung zwischen säkularen und spirituellen Überzeugungen öffnen und zum Dialog zwischen Konfessionen und Religionen beitragen.

Das Christentum der spätrömischen Epoche

Um die Rolle zu verstehen, die Volksheilige als Bannerträger der Volksreligiosität bis in die Gegenwart für die christliche Kultur rechts und links des Rheins spielen, ist der Rückblick hilfreich auf die Art der Christianisierung nördlich der Alpen. Diese begann im vierten Jahrhundert. Da war das Christentum nach Jahrhunderten der Verfolgung und Ausgrenzung schon zur Staatsreligion des Imperium Romanum aufgestiegen. Der Geist der Katakomben hatte sich verflüchtigt. Das Vorbild der Märtyrer und die Bedeutung des persönlichen Einflusses der frühen christlichen Bekenner auf ihre Freundeskreise und Familien waren nachrangig der Macht und den verpflichtenden Auflagen einer hoheitlich geförderten Institution. Die Bischöfe bedrängten die herrschenden Eliten in den Reichsprovinzen, entschlossen gegen Heiden vorzugehen und nötigenfalls Zwangsmaßnahmen zu ergreifen, um die Volksmassen christlich zu machen. Sogar der unbestechliche, asketische und gegen Bettler und Arme wohltätige heilige Martin von Tours zögerte nicht, neben ernster Ermahnung konfrontative Maßnahmen zu empfehlen. Christliche Überzeugung war für ihn verbunden mit der Forderung, das Verbot heidnischer Kulte und die Zerstörung ihrer Tempel notfalls mit Zwang durchzusetzen.

Innerhalb der gebildeten Kreise wurde Martin früh als Heiliger verehrt. Sein Schüler und Biograph Sulpitius Severus bewunderte die spirituelle Kraft, die er um sich verbreitete, »als ob ständig Christus an seiner Seite ginge«. Seine übernatürlichen Gaben ließen ihn Wunder tun, die ihn »würdig machten, in den Rang der Propheten, Apostel und Märtyrer aufgenommen zu werden«. Mit glaubensfester Kaltblütigkeit, erzählt Sulpitius, überstand er »furchtbare Begegnungen mit Satan und den Dämonen«, darin dem hl. Antonius in der Wüste gleich. Martin war von vergleichsweise »niederer« Geburt aus einem Soldatenhaushalt in Pannonien (heute Ungarn). Noch während seines eigenen fünfjährigen Militärdiensts bekehrte er sich zum Christentum. Seine berühmteste Tat, die Mantelteilung vor den Toren von Amiens, geschah noch während dieser Zeit. Bald danach, vor einem Feldzug

Kaiser Julian Apostatas gegen Germanenstämme am Oberrhein, verabschiedete er sich vom Militärhandwerk.

Martin ließ sich beim Bischof Hilarius von Poitiers zum Exorzisten ausbilden, und er wurde wie dieser vom arianischen Klerus, der auf der Kirchensynode von Sirmium 367 mit Billigung Kaiser Constantius II. kurzzeitig in der Kirche die Vorherrschaft erlangt hatte, ins Exil vertrieben. Auf einer Insel vor der ligurischen Küste begann er mit einem Priester zusammen das Eremitendasein. Nach der Rückkehr des Hilarius zog Martin wieder nach Gallien und begründete eine kleine Eremitengemeinschaft. Der Ruf seiner Wundertaten, darunter eine Totenerweckung, bewog die frommen Kreise von Tours, ihn zum Bischof zu erheben – gegen seinen heftigen Widerstand.

Auch im neuen Amt verhielt er sich höchst unorthodox. Er ritt nicht standesgemäß hoch zu Roß, sondern auf einem Esel. Er kleidete sich wie ein Bauer, kümmerte sich persönlich um Arme und Gefangene, nicht immer zur Freude der Amtsträger. Trotzdem wurde gerade in den höchsten Kreisen – Heerführern, Präfekten, Aristokraten – sein Rat gesucht. Seine Kampagnen gegen das Heidentum wurden staatlich unterstützt. Wenn es einmal daran mangelte, erzählt Sulpitius, halfen ihm bei der Zerstörung von Götzenheiligtümern auch Engel. Martin war bei aller öffentlicher

Bewunderung ein Außenseiter. Für die Wahrnehmung der christlichen Frommen verstärkte dies seine Wirkung. Der kirchliche Mainstream hingegen floss in eine andere Richtung.

Nördlich der Alpen hatte sich eine Kirche entwickelt, die eng mit der Administrationselite des Reiches verbunden, und die vor allem urban geprägt war.

Die von den Städten aus verwaltete traditionelle große Latifundienwirtschaft war zusätzlich angewachsen durch riesige Ländereien, die in den Besitz des Klerus gelangt waren. Die Oberschichten hatten frühzeitig die Kirchenorganisation als neuen Ort einträglicher Pfründe entdeckt. Denn die Geistlichkeit war schon durch die Kaiser Gratian und Theodosius von Lasten und Steuern befreit worden. Die meist aus reichen Senatorenfamilien stammenden Bischöfe residierten in den urbanen Verwaltungszentren; ebenso lagen die Klöster entweder innerhalb der Städte oder in ihrem Nahbereich. Die senatorische Elite entschied faktisch über die Besetzung der hohen kirchlichen Ämter. Wie paradoxerweise die ständig erneuerten kirchlichen Verbote zeigen, war Ämterkauf (»Simonie«) üblicher Brauch. Er sollte sich ein Jahrtausend lang fortsetzen.

Diese imperiale privilegierte Staatskirche orientierte sich am kaiserlichen Hofzeremoniell. Die Bischöfe wurden beim feierlichen Einzug in die Kirchen von Kerzen- und Weihrauchträgern begleitet und zu einem Thron geleitet. Wie dem Kaiser und seinen höchsten Beamten wurde ihnen als Zeichen der Ehrerbietung die Proskynesis (der Kniefall und das Berühren des Bodens mit der Stirn) erwiesen. Der hohe Klerus trug ganz nach römischem Repräsentationsbrauch eine festliche Amtskleidung mit bestimmten Insignien: Stola, Manipel und als oberstes Rangzeichen (für Metropoliten) das Pallium. Von wenigen asketischen Ausnahmegestalten wie Martin abgesehen, führte der Klerus den höfischen Herrschaftsstil unter christlichen Vorzeichen fort. Die Analyse von Leichenreden am Grab hoher Geistlicher aus dieser Zeit hat erwiesen, dass als vorbildhafte »virtutes« nicht mehr die christlichen Tugenden der Demut und Barmherzigkeit galten, sondern erfolgreiche Amtsführung, hohe klassische Bildung und politische Versiertheit.

Bistum Trier – Kirchenzentrum des weströmischen Reiches

Das Beispiel Triers zeigt, wie sehr durch die Verbindung von Kirche und Staat das Gedeihen einer antiken Metropole gefördert wurde. Als kaiserliche Residenzstadt und Regierungssitz, mit luxuriösen Bädern, mit

Theater und Arena, war die größte Stadt nördlich der Alpen zugleich eines der wichtigsten geistlichen Zentren. Die später als Heilige verehrten Bischöfe Agritius, Maximinus, Paulinus, Bonosus und Britto bauten mit kaiserlicher Unterstützung an gewaltigen Kathedralen und Abteien, verkehrten auf Augenhöhe mit dem Papst in Rom und dem Kaiserhof in Byzanz. Ihre Unterstützung des verfolgten Athanasius gegen seine theologischen und politischen Widersacher entschied im Reich den Sieg des seither geltenden Dreieinigkeits-Dogmas über den »Erzketzer« Arius, der die Gottheit Christi bestritten hatte. Triers einflussreiche Bischöfe stärkten – neben den anderen galloromanischen Kirchenzentren Arles und Mailand – das Gewicht der lateinischen Christenheit und des Papstes in den dogmatischen Streitigkeiten. In der Folge konnte sich das Papsttum bei den großen ökumenischen Konzilen von Nicaea, Ephesus und Chalcedon in der Formulierung des »einzig wahren Bekenntnisses« gegen orientalische und griechische »Irrlehren« durchsetzen.

Die gebildeten Schichten Galliens fanden aber nicht nur Gefallen an den philosophischen Aspekten der Theologie. Wie zu allen Zeiten gab es die spirituelle Suche nach dem persönlichen Heil, auch bei den materiell gut Gestellten. Die radikale Weltflucht der orientalischen Wüstenheiligen, deren heiligmäßiges Leben durch die

Antoniusbiographie des Athanasius schnell Gemeingut bei den Gebildeten geworden war, wurde als Ideal gerade in den gesellschaftlich arrivierten Kreisen populär. Manche Erben reicher Güter verschenkten große Teile ihres Besitzes und probten nach dem Vorbild der ägyptischen Eremitengemeinschaften Weltentsagung. Sie gründeten auf ihren Landsitzen fromme Kommunitäten, Freundeskreise, in denen ein karger, sittenstrenger Lebenswandel, Askese, gemeinsames Schriftstudium und Gelehrsamkeit angestrebt wurde. Allerdings ließen sie sich im Gegensatz zu den radikalen östlichen Asketen von einer ausreichenden Dienerschaft unterstützen. Sogar die bekannteste klosterähnliche Gemeinschaft der Zeit, die von Martin gegründete Kommunität von Marmoutier, lebte nicht von eigener Arbeit. Den Schülern des Meisters war es regelrecht verboten, zu arbeiten. Als einzige Tätigkeit außer Beten und Messezelebration war ihnen das Schreiben erlaubt. Durch solche Selbstdisziplinierung von Abkömmlingen der Oberschicht wurde manche geistliche Karriere geboren.

Die Landbevölkerung war für die römische Provinzialverwaltung vor allem als Steuer- und Abgabenquelle wichtig, aber blieb in ihrem Alltag weitgehend sich selbst und ihren heidnischen, oft noch keltischen Traditionen überlassen. Sie mochten formell durch obrigkeitliche Anweisung Christen geworden sein, im bäuerlichen Alltag blieben viele heidnische Bräuche erhalten. Von dem Bischof Martin von Braga (nicht zu verwechseln mit dem hl. Martin) ist eine Predigt bekannt, die um 380 die Sitten seiner bäuerlichen Untergebenen brandmarkt. Darin heißt es:

Wie kann jemand von euch, der in der Taufe dem Teufel, seinen Engeln und bösen Werken widersagt hat, zur Verehrung des Teufels zurückkehren?

Wie kann er für die Dämonen an Felsen, Bäumen, Quellen oder an den Orten, wo drei Straßen zusammenlaufen, Kerzen aufstellen? Was ist dies anderes als Teufelsdienst?

Wie kann er Weissagungen und Prophezeiungen glauben und die Festtage der Götzen ehren? Was ist das anderes als Teufelsdienst?

Wie kann er den Tag des Vulcanus feiern (23. August) und den Ersten jedes Monats, indem er Tische schmückt, Lorbeerkränze aufhängt, Reigentänze mitmacht, Früchte in Holzfeuer wirft und Wein dazu gießt? Oder Brot in einen Brunnen wirft? Was ist das anderes als Teufelsdienst?

Was sind das für Frauen, die Minerva bei der Webarbeit anrufen, die Hochzeiten auf den Tag der Venus legen (Freitag), die sich beim Reiseantritt am Kalender der Götzen orientieren? Was ist das anderes als Teufelsdienst?

Die Zaubersprüche über Kräutern murmeln? Die Dämonen mit Beschwörungen anrufen? Was ist das anderes als Teufelsdienst?

Und viele andere Dinge, die aufzuzählen zu ermüdend wäre? Was ist das anderes als Teufelsdienst?

Die anbefohlene Taufe war also offenbar keine Garantie für die Abkehr von unchristlichem Brauch. Ein hilfreicher Maßstab für religiöse Mentalitäten ist die Sepulkralkultur. Wie sehr jenseits der städtischen Metropolen noch bis ins achte Jahrhundert heidnische Elemente verbreitet waren, zeigen tausende Fundstücke aus archäologisch erschlossenen Gräbern, die heutzutage in den Stadtmuseen des Mosel- und Saargebiets, des Rheinlands, Lothringens, Belgiens und Nordfrankreichs zu besichtigen sind.

In Gallien bis zur Rheingrenze und im Süden Mitteleuropas bis zur Donaugrenze sprach man ein Galloromanisch, in dem das Keltisch der unterworfenen Bevölkerung aufgegangen war. Dies ist deshalb nicht unwichtig, weil es offenbar auch eine andauernde sprachliche Kluft zwischen Stadt und Land gab. Sie sollte sich noch weiter vertiefen, als im 5. Jahrhundert die Invasion germanischer Kriegerverbände das Reich erschütterte. Vom Jahr 406 an war es innerhalb einer Generation mit dem Gedeihen der Rheinprovinzen und des Nordens Galliens vorbei. Der Einbruch der Sueben, Wandalen und Alanen führte zur Aufgabe der römischen Grenzverteidigung am Rhein und im Norden. Bis 431 wurde Trier viermal von germanischen Kriegszügen verheert. Um 460 gewannen die Franken die Oberhand im allgemeinen Wirrwarr und setzten sich in den endgültigen Besitz Triers, Kölns und Mainz'. Mit dem Zusammenbruch der römischen Verwaltung lösten sich rasch die kirchlichen Strukturen auf. In Köln etwa brechen die bis dahin sorgsam geführten Bischofslisten bis Mitte des 6. Jahrhundert ab, es sind keine Namen der Amtsträger mehr überliefert. Caesarius von Arles berichtet um 500 alarmiert davon, dass Heiden ihre vormals zerstörten Tempel wieder errichten. Die Vernachlässigung der bäuerlichen Schichten durch die gebildete Oberschicht, aus der sich die hohe Geistlichkeit rekrutierte, ließ heidnische Bräuche und Praktiken erneut aufblühen. Wahrsager, Wetterzauber, Magie, Amulette, heilbringende Quellen und Haine – all dies konnte sich wieder ungebremst verbreiten. Mehrere Synoden erließen mit Exkommunikation bewehrte Verbote, weil die Bevölkerung den alten Ruhetag, den Donnerstag, anstatt des christlichen Sonntags zu feiern pflegte.

Gregor von Tours berichtet von einem Auvergner, der auf einer Seefahrt nach Italien in einen Sturm geriet.

Alle Mitreisenden riefen himmlischen Beistand an, und zwar Jupiter, Merkur und Venus, er als einziger den hl. Nicetius. Da meinten die übrigen, es könne nichts schaden, auch diesen um Hilfe zu bitten, und sie schlossen sich seinem Gebet an nach dem Grundsatz: Viel hilft viel. Überflüssig zu erwähnen, dass tatsächlich alle gerettet wurden. Für Gregor ist es unverständlich, wie man gleichzeitig Hilfe von Gott und von Satan (dessen Werkzeuge die heidnischen Götter sind) erstreben könne. Bei solchen Berichten ist hinsichtlich der Genauigkeit Vorsicht angebracht. Die Autoren aus der romanischen Bildungsschicht neigen zu Stilisierungen, prunken mit ihrer Kenntnis der klassischen Autoren und sind keine Freunde unparteiischer Abwägung. Fast durchweg nennen sie bei der Klage über heidnischen Götzendienst die Namen der klassischen antiken Gottheiten, von Jupiter und Merkur bis Diana und Venus. Die Archäologie liefert uns einen realistischeren Befund als die Chronisten, die in der Regel auch ihre unstrittige Rechtgläubigkeit hervorheben wollen. Die vielen Ausgrabungen der letzten Jahrzehnte lassen hingegen neben antik-religiösen auch auf verbreitete Reste keltischer oder ab dem fünften Jahrhundert altgermanischer Götterverehrung schließen.

Der Übertritt der Franken zum Katholizismus

Inmitten des allgemeinen kulturellen und ökonomischen Niedergangs (Sogar der Weinbau kommt weitgehend zum Erliegen!) bringt ein Ereignis eine epochale Wende, die viele traditionelle Kirchenhistoriker als »Sternstunde« der Geschichte verzeichnet haben: Der Frankenkönig Chlodwig I. lässt sich katholisch taufen und verbindet dadurch seine merowingische Dynastie mit der römischen Kirche. Seine katholische Konversion hat weitreichende politische Auswirkungen. Denn die Oberschicht der übrigen Germanenvölker, der Alamannen, Goten, Vandalen und Langobarden, hängt noch dem arianischen Christentum an. Welches Kalkül Chlodwig auch immer dazu bewogen haben mag, er bewahrte damit innerhalb seiner Franken die sakrale Legitimation des überkommenen Königtums. Das aus der Herkunft von mythischen Urvätern rührende Heil wandelte sich in christliches Gottesgnadentum.

Mit seiner Entscheidung für die katholische Konfession schuf Chlodwig politisch günstige Bedingungen für den Aufstieg der neuen fränkisch-merowingischen Dynastie – auf der für die Zeitgenossen augenscheinlich himmlischer Segen lag. Nicht zuletzt ein Schlachtensieg nach Anrufung des Christengottes (bei Zülpich gegen die Alamannen) soll Chlodwig zur Konversion zum neuen Glauben bewogen haben. Zweihundert Jahre zuvor hatte auch Konstantin der Große sein Votum für Christus mit dem glücklichen Sieg über seinen Thronkonkurrenten begründet. Dieses Detail macht es plausibel, wieso es gelang, das Christentum mit traditionellen germanischen Kriegergottvorstellungen zu amalgamieren. CHRISTUS VINCIT/ MIT CHRISTUS SIEGEN! wurde zur zentralen Botschaft des germanischen Christentums und nicht das CHRISTE ELEISON.

Wie der berühmte Grabstein von Niederdollendorf zeigt, war es für die Totenehrung noch im 7. Jahrhundert selbstverständlich, Symbole aus der germanischen Kriegerreligion mit christlichen Motiven zu verbinden. Beispielhaft auch das Fürstengrab von Morken (um 600, bei Bedburg-Königshoven), in dem ein fränkischer Kriegsherr in einer unterirdischen Eichenholzkammer beigesetzt war. Es enthielt ganz nach germanischer Sitte seine kostbar verzierten Waffen, Juwelen, kostbare Glasgefäße und Geschirr, das Zaumzeug seines Streitrosses und große Mengen Rind- und Schweinefleisch.

Es entstand ein neues Reich, das von einer germanischen Dynastie regiert wurde, aber das nach römischem

Vorbild unterschiedliche Völkerschaften und, wie wir heute sagen, »Kulturen« staatlich zu einen suchte. Es waren die zivilisatorischen Errungenschaften Roms, wonach die Germanenstämme gestrebt hatten, als sie aus ihren kargen Heimatregionen ins Imperium eindrangen. Sie wollten die vielfältigen Früchte der entwickelten Latifundienwirtschaft und des Weinbaus ebenso genießen wie Prunk und Reichtum, das Wohnen in Villen mit Haussklaven, Zirkusspiele, Luxusbäder und die immer frisches Wasser liefernden Aquädukte. Es wurde ihnen bald klar, dass es zur Aufrechterhaltung all solcher Vorzüge einer geordneten, kenntnisreichen Verwaltung und einer schreibkundigen Schicht bedurfte. Das germanische Gefolgschaftsprinzip hatte nur weniger schriftlicher Urkunden bedurft. Eine Reichsregierung, die über viele Verordnungen, Verbote und Gebote, Privilegien und Eigentumsrechte zu entscheiden hatte, kam ohne umfangreiche Verschriftlichungen nicht aus.

Chlodwig und seine Nachfahren verstanden, dass sie all das am leichtesten erreichen würden, wenn sie die senatorische Elite gut behandelten und für sich arbeiten ließen. Die Übernahme der katholischen Konfession erwies sich dabei als hilfreich für die Kooperationsbereitschaft der alten, im Staatskirchentum fest verankerten gallorömischen Aristokratie.

Diese arrangierte sich rasch – aus Überzeugung und zum eigenen Nutzen – mit der neuen Ordnung. Sie verfügte über die Kenntnisse und die Repräsentationserfahrung, die zur Herrschaft über ein multiethnisches Gemeinwesens notwendig war. Und sie hatte keine mentalen Sperren, sich auch blutsmäßig mit dem germanischen Feudaladel zu verbinden. Für beide brachte diese Verbindung Vorteile. Die merowingischen Könige konnten politische, militärische oder finanzielle Dienstleistungen mit kirchlichen Ämtern belohnen. Überzählige Söhne oder Töchter aus adeligen Familien wurden mit reich dotierten Stellen ausgestattet und konnten so zur Stärkung der eigenen Sippe beitragen.

Chlodwig knüpfte mit sicherem Machtinstinkt an die Verehrung des heiligen Martin von Tours an, der faktisch zum »Reichsheiligen« ernannt wurde. Dessen Wort bei Gott sicherte, das bewiesen anscheinend die Zeitläufte, seinem Geschlecht die Huld des Allmächtigen. Damit wurde Martin zum ersten Reichsheiligen der Franken. Und bis heute sind ihm die meisten Kirchen in West- und Mitteleuropa geweiht. Die »Sternstunde« in Chlodwigs Laufbahn ist sicher 508 der Besuch einer Delegation des oströmischen Kaisers Anastasius I. am Grab des Heiligen in Tours. Der Frankenkönig erhielt »ein Patent als Konsul und legte in der Kirche des heiligen Martin den Purpurrock und

Mantel an und schmückte sein Haupt mit einem Diadem«. (Gregor von Tours) Damit war der ehemalige Kleinkönig aus der nordwestlichen Peripherie zum anerkannten Partner der bedeutendsten Macht der Epoche geworden.Während Ostrom mit der Rückeroberung der von Vandalen, Ost- und Westgoten besetzten Gebiete begann, konnte die »abgelegenen« Franken ihren Besitz in Gallien gegen Alamannen, Westgoten und Burgunden arrondieren und stabilisieren.

Mit der Autorität des hl. Martin und des Kaisers in Byzanz im Rücken konnte Chlodwig schon auf dem Konzil von Orléans 511 durchsetzen, dass die Ordination von Klerikern nur auf Befehl des Königs erlaubt wurde. Ohne großen Widerstand übernahm er die Prokura über die Einsetzung von Bischöfen und Klosteroberen. Auch den Mönchen wurden staatliche Regeln auferlegt. Sie sollten auf feste Ortsbindung verpflichtet werden. Ungeordnete Klosterneugründungen aus persönlicher Willkür wurden untersagt und selbst die Gründung einer Einzelzelle an bischöfliche Zustimmung gebunden. Das Messopfer durfte an den Hauptfesten der Kirche nicht in Landgemeinden, sondern nur noch in den städtischen Kathedralen oder in Pfarrkirchen gefeiert werden.

Was bedeutete diese Entwicklung für das Christentum? Die meisten Kirchengeschichten erzählen uns über diese Epoche von den großen dogmatischen Streitigkeiten über Trinität, die Wesensnatur Christi und die Stellung Mariens, kirchenpolitisch über die Auseinandersetzungen um die Papstwahl in Rom oder zwischen dem Rom des Papstes und dem Byzanz des Kaisers.

In den Mikrokosmen des ländlichen West- und Mitteleuropas befasste sich nur eine dünne Schicht von Bildungsträgern mit solchen Fragen. Die vom Kriegergeist beseelte fränkische Monarchie oktroyierte faktisch ihren keltischen und germanischen Untertanen die katholische Konfession samt einer neuen machtbeteiligten Priesterhierarchie. Mit der Proklamation des Vernichtungskampfs gegen alles Heidnische eiferte man der spätrömischen Religionspolitik nach. Die alten Götter wurden zu (real existierenden) »Dämonen« erklärt, ihre Kultstätten zerstört und die traditionellen Bräuche geächtet. Auf dem Konzil in Orleans ließ Chlodwig magische Praktiken, namentlich das Wahrsagen, mit Exkommunikation verbieten.

Aber den Merowingern gelang die Ausrottung des Heidentums nicht besser als zuvor den Kaisern. Die herrschenden Schichten inklusive des Klerus waren viel zu beschäftigt mit dem Überleben in den nach dem Tod Chlodwigs anhebenden inneren Wirren. Mit besonders schwierigen Aufgaben waren speziell die Bischöfe konfrontiert. Sie mussten die zusammenbrechende staatliche Verwaltung ersetzen, soweit dies irgend möglich war. Aus geistlichen Hirten wurde vor allem Krisenmanager. Drei Generationen nach Chlodwigs Übertritt zum katholischen Christentum herrschten seine Nachfahren nominell zwar über ganz Gallien und die germanisch besiedelten Gebiete bis Thüringen und Bayern. Aber sie hatten von ihm nur den Machtwillen, nicht seine Klugheit geerbt. Fast zweihundert Jahre lang wurde das Reich erschüttert durch andauernde dynastische Umstürze, in denen alle vorstellbaren Untugenden und Laster zum Vorschein kamen, Brutalität, Mordlust, Grausamkeit, Treulosigkeit und Verrat, Habgier und Hinterlist. Das merowingische Geschlecht überbot dabei alles, was man von orientalischer Verschlagenheit und Gräuelwesen raunte.

Schon aus Überlebensgründen suchte die Geistlichkeit jeden Schutz, den sie finden konnte. Wenn nicht bei den jeweiligen, meist nur kurz amtierenden und oft kurz lebenden Trägern der monarchischen Gewalt, dann bei einflussreichen Edlen. Der fränkische Feudaladel gewann an politischem Gewicht, je mehr die Dynastie sich zerfleischte. Die materiellen Spielräume wurden dabei immer kleiner. Die Rückeroberungspolitik Kaiser Justinians in den mediterranen Küstenländern und das ständige Kriegsgeschehen in Gallien und in der übrigen ehemaligen weströmischen

Reichshälfte führte zu einem rapiden wirtschaftlichem und zivilisatorischen Niedergang.

Gegenüber diesen Problemen, mit denen sich die führenden Schichten beschäftigen mussten, geriet das Treiben der Unterschichten zu einem zu vernachlässigendem Thema. Bei der mehrheitlich bäuerlichen Bevölkerung hatte ein aus vielen kultischen Traditionen zusammengemischtes Heidentum, durchwebt mit einzelnen christlichen Elementen, die Oberhand gewonnen. In der Realität der »kleinen Leute« begann jener volksreligiöse Assimilierungsprozess, der die keltischen und germanischen Riten, Kulte und Praktiken in die von den Theologen kaum beachteten »unteren Etagen« der Kirche einsickern ließ.

Die irischen Missionare und die Klosterkultur

In dieser materiellen und geistigen Dauerkrise des sechsten Jahrhunderts erscheinen seltsame Fremde im Land. Es sind irische Asketen, die ihr Leben der Nachfolge Jesu in immerwährender Pilgerschaft gewidmet haben. Die Insel Hibernia, wie sie die Römer nannten, war nie in ihrer Geschichte Teil des Imperium Romanum gewesen. Es gab über England und Gallien einen Austausch mit der europäischen Umwelt.

Tacitus erwähnt irische Häfen, in denen Handel und Warenverkehr abgewickelt wurden. Die Archäologie hat das mit vielfältigen Funden römischer Artefakte bestätigen können. Irische Söldner dienten auch bei den Legionen, und irische Seeräuber plünderten und brandschatzten die westlichen Küsten des römischen Britanniens. Dazu kam seit dem vierten Jahrhundert eine auch durch Legenden und Ausgrabungen bezeugte irische Siedlungsaktivität in Südwest-Wales. Es gibt gute Gründe zu vermuten, dass das Christentum über diesen Weg Zugang in die irische Gesellschaft fand. Mit charismatischen Missionaren wie Patrick und Palladius entstand ein besonderes Christentum im keltischen Irland.

Das Land war agrarisch bestimmt in seiner Wirtschaft, gesellschaftlich strukturiert durch zahllose heftig konkurrierende Stämmen und Sippen. Man schätzt, dass es zu damaliger Zeit 150 bis 200 autonome »politische« Einheiten gab, deren Territorien nicht durch klar definierte Grenzen voneinander getrennt waren. Wie biologische Zellen waren diese Einheiten in ständigem Wandel, teilten sich oder vereinigten sich, wenn ein »König« (woanders hätte man ihn als Häuptling bezeichnet) zeitweise die Oberhand über seine Nachbarn erringen konnte, nur um sie nach ein paar Jahren wieder zu verlieren …

Es gab keine Städte, kein individuelles Eigentum, kein Münzgeld, keine Bürokratie und Steuern. Historie und Dichtung wurden wie das Recht oral weitergegeben. Eine eigene Vereinigung, die Barden, hielten das Gedächtnis an Dichtung und Geschichte mit unglaublichen Mengen auswendig gelernter Texte wach. Die Rechte und Verpflichtungen der einzelnen Sippen und Stände, der Könige, Edlen und anderen Gruppen zu bewahren, das alles war die Aufgabe der Klasse der Brithemin. Die Priesterkaste der Druiden hinwiederum sammelte astronomisches und medizinisches Wissen und unterbaute ihre Autorität mit magischen Praktiken.

Wie sich genau das Christentum gegen diese alte keltische Religion durchsetzte, das liegt immer noch weitgehend im Dunklen. Es gab keine Kaiser, die durch politischen Beschluss eine Konversion anordnen konnten. Die Legenden legen nahe, dass es einen steten Wettstreit auf dem Feld der Naturkenntnisse und auch der Magie zwischen christlichen Mönchen und Druiden gab, bei dem die Patrick und Palladius mit ihrer antiken Bildung nicht schlecht abschnitten. Dabei konnte der eine oder andere Anführer oder Stammeskönig mitsamt seiner Verwandtschaft überzeugt werden. Und es soll auch zu Konversionen von Druiden zum neuen Glauben gekommen sein. Das entscheidende

Element aber war wohl die Entwicklung einer dynamischen Klosterkultur. In einer von ständigem Mangel, Gewalt und Kriegen erschütterten Gesellschaft war die Idee des monastischen Lebens ein praktisch realisierbares Konzept von Sicherheit. Die irischen Klöster ähnelten von Anfang an Festungen, die vor räuberischen Nachbarn oder Invasoren Schutz boten. Der Arbeitseifer von bedürfnislosen Asketen brachte den Clans, aus denen die Mehrzahl der Mitglieder einer Klosters jeweils stammte, wirtschaftliche und soziale Vorteile: medizinische Betreuung, Armen- und Altenpflege.

Aus Irland kam Pelagius, der große Gegenspieler des hl. Augustinus. Für ihn hing die Erlösung des einzelnen Menschen zwar auch von der göttlichen Gnade, aber vorrangig von seiner eigenen Leistung ab. Dies entsprach der Weltanschauung der praktisch orientierten Mönche der irischen Klöster. Dies bedeutete nicht, dass der Pelagianismus ein favorisiertes Dogma der keltischen Kirche gewesen wäre, für solche theologischen Feinheiten lag die grüne Insel zu weit ab von den mediterranen und orientalischen Geisteskämpfen. Die irischen Kleriker stritten erbittert über das Osterdatum oder über die richtige Art der Tonsur, über die rechte Form der Askese und die Anlage neuer Klöster. Aber was sie auszeichnete, war eine unermessliche Energie und Tatkraft. Innerhalb weniger Jahrzehnte hatte dieses Christentum in seiner monastischen Gestalt die irischen Gemeinschaften gewonnen. Wie in einem geistigen Treibhaus entstand eine reiche Schriftkultur, bald schon ebenbürtig an Qualität mit den spätrömischen Leistungen auf diesem Gebiet. Die Unangepassten ihrer Sippen, die radikalen Charaktere, hielt es nicht in den heimischen Gründen. Für sie war christliche Lebensführung gleichbedeutend mit immerwährender Pilgerschaft. »Verlasse Vater und Mutter, Familie und Heimat, um dich ganz Christus zu widmen!« Mit diesem Leitspruch im Herzen zogen Jahr für Jahr irische Mönche in die Fremde, in das schon 410 von den Römern aufgegebene und ins Heidentum zurückgefallene Britannien, nach Schottland, Wales, nach Gallien und Germanien.

Innerhalb zweier Jahrhunderte bringt die fruchtbare keltische, monastisch ausgerichtete Kirche eine unüberschaubare Schar heiliger Männer und auch einiger Frauen hervor, die als Missionare in alle Richtungen ausströmen.

Dem hl. Brendan schreibt die Legende sogar das Erreichen Amerikas zu.

St. Columban der Ältere missioniert um 560 bei den Pikten in Schottland und gründet auf Inseln vor der Westküste die Klöster Iona und Eilach an Naoimh.

Fünfundsiebzig Jahre später gründet der hl. Aidan, nachdem er sein Bischofsamt im nordirischen

Monaghan aufgegeben hatte, die Abtei Lindisfarne an der englisch-schottischen Ostküste. Er unternimmt Bekehrungsversuche unter den Heiden im Norden Englands und wird deshalb der »Apostel Northumbrias« genannt. Unter den ihm nachfolgenden heiligen Äbten Cuthbert, Colman und Ethelwald wird Lindisfarne zu einem Zentrum der keltischen Klosterkultur, Kunst und der Gelehrsamkeit, berühmt durch seine Schreibschule.

Mit dem Erscheinen Columbans des Jüngeren (543 – 615) in Gallien beginnt eine neue Epoche der Christianisierung in ganz West- und Mitteleuropa.

Pius IX. nannte Columban einen »Pionier der Zivilisation Westeuropas«.

Dieser hatte nach Jahren harter Askese und bedingungslosem Gehorsam im Kloster Bangor in sich die unabweisbare Berufung zur »peregrinatio propter Christum« gespürt – zur Pilgerschaft und Heimatlosigkeit um Christi willen. Mit dem Verlassen von örtlichen Bindungen, der Aufkündigung verwandtschaftlicher und stammesmäßiger Rücksichtnahmen suchte er wie nicht wenige keltische Mönche in jenen Zeiten die Freiheit eines eigenen Weges zu Gott. Um »die Wahrheit Christi« in der Fremde zu finden, begab er sich mit zwölf Begleitern auf eine lebenslange Pilgerschaft. Der Merowingerkönig Sigisbert hatte von den erfolgreichen Unternehmungen der irischen Mönche gehört. Er bot Columban Ländereien, Schutz und Wirkungsmöglichkeiten an. Columban ging auf das Anerbieten ein und gründete in Annegray, in den Südvogesen, zunächst ein kleines Kloster mit schlichten Zellen. Bald wurde der Zustrom begeisterter Jünglinge so umfangreich, dass in Luxeuil ein großes Kloster entstehen konnte. Ihm folgte bald die Abtei Fontaines als »Kornspeicher« Luxeuils. Diese avancierte rasch zum geistlichen Zentrum des Frankenreiches.

Columban führte in seinen Klöstern ein strenges Regiment. Alle, ob reich oder arm, mussten ackern, säen, Holz fällen und bauen. Sogar von Kranken verlangte er, dass sie zur Tenne gehen und dreschen sollten. Er verabreichte eigenhändig ein Dutzend Schläge auf das nackte Hinterteil, wenn er Mönche bei der geringsten Nachlässigkeit ertappte. Ein Punkt seiner Regel schreibt dem Mönch vor, er solle erst zu Bette gehen, wenn seine Müdigkeit so groß geworden sei, dass er bereits beim Gang zum Lager schlafe, und aufstehen, bevor er ausgeschlafen habe.

Der streitbare Ire war ein großer »Menschenfischer«, allerdings auch ein unverbesserlicher »Troublemaker«. Mit den gallischen Bischöfen geriet der Heilige in heftigen Zwist, da er den irischen Termin des Osterfestes gegen den römischen durchsetzen wollte.

Leidenschaftliche Appelle an den Papst, sich auf seine Seite zu stellen, fruchteten nichts. Er versuchte den Papst durch eifernde Briefe zu belehren – sie sind in so leidenschaftlichem Stil verfasst, dass sich Columban dafür mit Verweis auf seine irische Herkunft entschuldigte. Ärger gab es schließlich auch mit dem regierenden Haus. Da Columban nicht nachließ, das lasterhafte Treiben der Königin Brunhilde und ihres Enkels Theoderich zu rügen, wurde er schließlich des Landes verwiesen. Er zog mit seinem Schüler Gallus weiter zum Bodensee, wo sie bei Bregenz heidnische Götterstatuen ins Wasser warfen. Dies zog ihnen die Feindschaft der Bevölkerung zu, weshalb Columban, nach einem Zerwürfnis mit Gallus, der zurückblieb und das Kloster St. Gallen gründete, nach Italien weiterzog. Er fand Zuflucht beim Langobardenkönig Agilulf und schloss eine Seelenfreundschaft mit dessen Gemahlin, der hl. Theodelinde. Die Herrscher schenkten ihm Ländereien bei Bobbio, und Columban gründete dort sein letztes Kloster, das zu einem geistlichen Hort der Kunst und Kultur wurde.

Was machte die Anziehungskraft dieses Fremden aus, der aus einem nach römischen Maßstäben unzivilisierten Barbarenland kam? Und der zahlreichen Nachfolger, die ihm in seinem Spuren aufs europäische Festland folgten? Es sind viele Gründe, die für den Erfolg der irischen Missionare verantwortlich sind. Da war etwa die Selbstverständlichkeit, mit der sie sich in das bäuerliche Milieu einfügten. Ihre Klöster gründeten sie in agrarischen Landstrichen, nicht wie bis dahin üblich im Umkreis der urbanen Zentren. Von den handwerklichen und landwirtschaftlichen Kenntnissen der Mönche und ihrem bedingungslosen Arbeitseinsatz profitierten sowohl die feudalen Gönner wie die einheimischen Nachbarn. Im Umgang mit heidnischen Sitten und Gebräuchen griff man auch im heimischen Irland zu rabiaten Mitteln, aber als Lehre ihrer keltischen Geschichte hatten sie gelernt, druidische Magie mit christlicher »Magie« zu bekämpfen. Sie erwiesen sich als erfolgreiche Wundertäter; Feld- und Waldprozessionen und Segnungen des Weideviehs schienen volle Scheunen und fette Rinder zu begünstigen. Mit dem als himmlischen Kraftsymbol eingesetzten Kreuzzeichen wurde manche somatische oder seelische Krankheit geheilt.

Eine überzeugungsträchtige Methode war auch die Konfrontation heidnischer Sakralorte mit der Macht des Kreuzes. Bei der Übernahme heidnischer Tempel ging man gewissermaßen experimentell vor. Nach Ausräumen der Götterstatuen wurde in den Gebäuden Weihrauch geschwenkt und Weihwasser versprengt. Sodann setzte man die Reliquien eines Märtyrers am Altar bei. Nachdem mehrere Messen ungestört gelesen waren, fragte man die Landleute, wo denn die Macht und der Zorn der alten Götter geblieben sei? Diese aber rührten sich nicht, und so wurden auf zahllosen heidnischen Heiligtümern Kirchen errichtet, so in Luxeuil, in Remiremont, Poitiers oder Vienne. Auch der Mariendom von Chartres erhebt sich über einem Druidenheiligtum; in Le Mans hat man in der Kathedrale einen bei der Errichtung gefundenen druidischen Opferstein in die Fassade eingebaut.

Ein ähnliches »Gottesgericht« wendete man für heilige Quellen an. Ein Mönch steckte Kreuze in den Boden und verbrachte die Nacht bei der Quelle. Wenn er am nächsten Tag noch lebte, dann hatten offensichtlich die alten Mächte verloren. Daraufhin wurden Neubekehrte in den Quellen getauft und dort Kapellen oder Kirchen errichtet. Das heidnische Kraftzentrum wurde dadurch zu sakraler christlicher Kraft. Der hl. Remaklus, Schüler Columbans, gründete 648 in den Ardennen das Kloster Malmedy, in dem er neben der hl. Quelle ein großes Kreuz errichtete. Viele Wallfahrtsorte sind durch diesen Vorgang entstanden.

Die Strategie der keltischen Missionare für die erfolgreiche Konfrontation mit dem heidnischen Volksglauben hatte schon Papst Gregor der Große in einem Brief vorweggenommen:

»Weil man bei Götzenopfern viele Ochsen zu schlachten pflegt, muss ein solches Fest in ein anderes Fest umgeformt werden. Die Neubekehrten sollen also an Kirchweihtagen oder an Festen der heiligen Märtyrer, deren Reliquien beigesetzt sind, im Umkreis jener Gebäude, die aus Götzentempeln in Kirchen verwandelt wurden, aus Baumzweigen Hütten errichten und ein Fest mit religiösen Zeremonien begehen. Sie werden dann nicht weiter dem Teufel Tiere opfern, sondern diese Tiere zu Ehren Gottes für ihre Mahlzeiten schlachten und dem Schenker alles Guten bei ihrer Sättigung danksagen. Während ihnen dadurch einige äußere Freuden bleiben, werden sie umso leichter innere Freuden erfahren. Man kann offenbar den harten Herzen unmöglich alles auf einmal abschneiden, und wer den höchsten Grad der Gottesverehrung zu ersteigen sich bemüht, muss stufenweise und Schritt vor Schritt, nicht aber sprungartig emporgeführt werden.«

Ein anderes geistliches, bei Hoch und Niedrig willkommenes Geschenk brachten die Mönche aus ihrer keltischen Heimat mit: die persönliche Buße. Die frühe Kirche machte es Sündern nicht leicht. Vergebung konnte nur ein Bischof gewähren. Sie konnte nur ein einziges Mal im Leben vorgenommen werden. Die Lossprechung von der Sünde war mit außerordentlich harten Strafen verbunden. Der Büßer musste seine

Vergehen in einer beschämenden Zeremonie vor den Augen der gesamten Gemeinde bekennen. Ihm wurde ein besonderer Status zugewiesen, der mit erniedrigender Büßerkleidung und der Verbannung beim Gottesdienst in eine abgegrenzte Ecke verbunden war. Zudem musste er lebenslange Keuschheit und den Verzicht auf ein öffentliches Amt geloben. Der westgotische spanische König Wamba wurde noch 680 wegen seines Büßerstatus für regierungsunfähig erklärt und musste zurücktreten. Es ist verständlich, dass man bei derart rigorosen Sitten sein Sündenbekenntnis möglichst auf das Sterbelager verschob. Damit riskierte man aber für den Fall eines plötzlichen Todes ewige Höllenqualen. Und man litt ein Leben lang an einer spirituellen Ungewissheit und Angst.

Die irische Kirche hatte in ihrer Abgeschiedenheit das Ritual der persönlichen Buße entwickelt, das auch beliebig wiederholbar war. Und es bedurfte keines Bischofs. Jeder geweihte Priester konnte als Beichtvater fungieren und dem reuigen Sünder eine Buße auferlegen, die ebenfalls privat verrichtet werden konnte. Für die Einstufung der Schwere der Sünde hatte der Beichtvater Bußkataloge bei der Hand, in denen abgestufte Strafen, meist Fasten, den einzelnen Vergehen zugeordnet waren. Von Columban gibt es ein solches, von den Geistlichen vielgenutztes Bußbuch. Dieses

Verfahren kam dem feudalen Rechtsempfinden sehr viel mehr entgegen als das öffentliche Bekenntnis mit der damit verbundenen Erniedrigung. Auch die feudalen Rechtsordnungen hatten geordnete Strafregeln für Rechtsverstöße und Verbrechen.

Ein weiterer Grund für die Popularität der Klöster beim fränkischen Landadel war die dadurch bewirkte Festigung der verwandtschaftlichen Beziehungen. In Luxeuil und seinen Tochtergründungen hatte kein Bischof etwas zu sagen. Der Abt und der Stifter konnten zusammen ohne Zwangsaufsicht agieren. (Was in Zukunft zwischen Bischöfen und Klöstern zu heftigen Konflikten über die jeweiligen Befugnisse führen sollte.) Das machte solche Klöster für Angehörige der Sippe attraktiver als die Verbringung in die entfernte Stadt. Sie blieben im Kontakt mit ihrer Verwandtschaft. Für den Kriegsdienst ungeeignete Söhne und unverheiratete Töchter konnten standesgemäß versorgt werden. Wer als Feudalherr einer monastischen Gründung Ländereien in seinem Herrschaftsbereich zuwies, der bekam dadurch wertvolle qualifizierte Arbeitskraft, bessere Produktionsmethoden, Weinbau, Bildung für den Nachwuchs, Priester als jederzeit verfügbare Nachbarn, und die Sicherung von Eigentum durch die Schenkung an eine sakrale Stiftung, deren Plünderung oder Zerstörung durch Fehdestreitigkeiten wesentlich größere Hemmschwellen als beim profanen Besitz entgegenstanden.

Ein Effekt der irischen Klosteroffensive war die Vereinfachung der Gründung von Nonnenklöstern. In den Städten lebten sie von Renten und Geschenken, das liturgische Leben wurde von außen durch den Domklerus bedient. Frauenabteien, die sich an die neuen Landklöster anlehnten, hatten Priester und die materielle Versorgung im Haus. Deshalb wurde es sehr populär, Doppelklöster zu gründen, in denen Nonnen und Mönche (sorgfältig getrennt) zusammenlebten und gemeinhin von einer Äbtissin geleitet wurden.

Das irische Pilgerideal erhielt steten Nachwuchs von den britischen Inseln. Und es erfasste auch spirituell gestimmte Jugendliche aus dem fränkischen und gallorömischen Adel. Die Legenden vom hl. Martin und das praktische Vorbild Columbans und seiner Mitstreiter veranlasste manchen zur Nachahmung. Von den zahlreichen heiligen Männern aus der Zeit des 6. Jahrhunderts, über die in der Trierer Bistumschronik »Gesta Treverorum« berichtet wird, gelten ein nicht geringer Teil als irischstämmig, darunter Ingobertus, Disibodus und Wendelin. Die hl. Oranna, Schwester des letzteren, soll der Legende nach aus einem irischen Königshaus stammen. Die Kulturarbeit der Eremiten unter der Landbevölkerung spornte auch diese zu religiösen Aktivitäten an. Die alten heidnischen Bräuche konnten jetzt mit der klugen Billigung der Missionare in christlichem

Geist fortgeführt werden. Dies sind die Wurzeln der vielfältigen Ausprägung der Volksreligiosität.

Volksreligion und Heiligenverehrung

Für das Christentum des Mittelalters gehörte die Heiligenverehrung zu den bestimmenden Elementen des Volksglaubens. Darüber bauten die Theologen und Kirchenoberen ein komplexes theologisches, juristisches und liturgisches System, mit dessen Hilfe – wie schon im antiken Heidentum – auch das Kalenderjahr strukturiert wurde. Eine unübersehbare Fülle gemeinschaftsstiftender Rituale entwickelte sich über die Jahrhunderte: Heiligenfeste gewährten arbeitsfreie Feiertage, heilige Stätten waren das Ziel wallfahrender Volksmassen. Regionen gewannen in einem vielgestaltigen Brauchtum ihren Zusammenhalt. Beim einfachen Volk gehörten die Legenden zur religiösen Grundbildung. Oft hatte ein bäuerlicher Haushalt nur das eine Buch: den Heiligenkalender mit seinen erbaulichen Geschichten. Darin versammelt war ein ganzer Kosmos pädagogischer Erzählstoffe – Geschichten, Anekdoten, Legenden und Sagen. Die bildende Kunst versorgte die fromme Phantasie mit Gemälden und Statuen, Altarplastik und Totenschreinen; die Musik lieferte Lieder und Messen; der Devotionalienhandel wurde zeitweise zu einem der mächtigsten Wirtschaftszweige. Frühe religiöse Entwicklungsstufen konnten in der Heiligenverehrung fortleben, etwa Magie und Totenkult im Reliquienwesen, Totemismus in Standes-, Berufs- und Namenspatronaten, das Tabu in den Asyl- und Friedensgeboten heiliger Stätten.

Der protestantische Religionswissenschaftler und Kenner hindustischer wie buddhistischer Religiosität Friedrich Heiler schrieb im Jahre 1923:

»Alle religiösen Ideen und Empfindungen, alle Kult- und Frömmigkeitsformen, die je in der Menschheit lebendig gewesen sind, lassen sich im Katholizismus wiederfinden. Der Katholizismus hat alles, er gibt alles, er nimmt und gebraucht alles. Wer zunächst diese verwirrende Fülle widersprechender religiöser Erscheinungen auf sich wirken lässt, der [...] befindet sich bald in einem wilden Urwald mit wucherndem Unkraut, dann wieder in einem wundersamen Lustgarten mit wohlgepflegten Blumenbeeten. Sein Auge schaut immer Neues, Wunderbares und Hässliches, Himmlisches und Dämonisches, Erhebendes und Erschütterndes.«

Heilige sind der »subjektive Faktor« der Religionen. Und Religionen erzeugen automatisch Institutionalisierung, bilden Vergemeinschaftungen und Kirchen.

Vielen Menschen geben sie seelischen Halt und mentale Kraft, um mit den nicht verfügbaren Anteilen des Lebensschicksals fertig zu werden.

Gerade religiöse Institutionen neigen jedoch nach einer gewissen Zeitspanne zu Abgehobenheit und Erstarrung. Und sie werden – nicht nur im Christentum – periodisch mit dem Erscheinen heiliger Männer und Frauen konfrontiert, mit Eremiten, Seherinnen, Heilerinnen, Mystikern, Wunderrabbis, Derwischen, Yogis, Ordensgründern, heiligen Narren, ekstatischen Nonnen und askesevirtuosen Mönchen. Die gesellschaftlichen Ordnungen werden durch den Einbruch sakraler Eruptionen erschüttert.

Dabei geht es nicht geordnet, sondern chaotisch zu. Altes heidnisches Mythengut, unterdrückte Rituale und Bräuche kommen aus den Kellern unterdrückter Volksreligiosität wieder ans Tageslicht. Pilgerströme ergießen sich zu den Wirkungsstätten und Grabmälern, und sie machen aus der Handlung der Verehrung ein Fest der Alltagsunterbrechung. Das ärgert die Theologen und Dogmatiker, auch wenn es den Glauben lebendig und populär macht. Religionsgemeinschaften, die diese Impulse aufnehmen und kreativ verwandeln, entwickeln sich weiter. Institutionen, die sich diesem Anruf verweigern, sterben aus.

Die Heiligenverehrung verbindet die christliche Volksfrömmigkeit mit der Volksfrömmigkeit der anderen großen Weltreligionen. Das chassidische Judentum kennt unzählige Wunderrabbis. Im Islam werden nicht nur vom niederen Volk Derwische und andere Persönlichkeiten verehrt, denen Fähigkeiten wie die willentliche Versetzung an andere weit entfernte Orte, die Herrschaft über Geister und Tiere, die Erweckung von Toten zugeschrieben werden. Über die indische Volksfrömmigkeit schrieb Friedrich Heiler Ähnliches wie zum Katholizismus – in beiden sah er eine »gewaltige complexio oppositorum«:

»Uralte Weisheit ist hier Gegenwart, Hohes und Niederes, Rohes und Reines, Geistiges und Sinnliches, Philosophie und Glaubenserfahrung, Priesterweisheit und Laienfrömmigkeit, Mystik und Prophetismus, geistige Abstraktion und rohester Fetischismus, esoterische Weisheit und vulgäre Massenreligion – das alles ist im Hinduismus in buntem Gemisch verbunden.«

Auf die noch viel weiter zurückreichenden Glaubensinhalte vor allem der bäuerlichen Kulturen hat schon der Religionswissenschaftler Mircea Eliade 1957 hingewiesen:

»Wohl ist in Europa der größte Teil der Landbevölkerung seit mehr als tausend Jahren christianisiert, doch hat sie in ihr Christentum einen großen Teil des vorchristlichen religiösen Erbes eingewoben. Man darf nun nicht glauben, dass die europäischen Bauern deshalb keine Christen seien; aber ihre Religiosität beschränkte sich nicht auf die historischen Formen des Christentums ... Bei ihrer Christianisierung haben die europäischen Ackerbauern dem neuen Glauben die uralte kosmische Religion einverleibt.«

Diese Art religiöser Kultur scheint allerdings im Laufe der letzten Jahrzehnte unwiederbringlich zu vergehen. Blasiussegen und Leonardiritt, Ignatiuswasser und Walpurgisöl überleben zwar noch in manchen Enklaven, aber doch wesentlich als Folklore. Von der Gnadenwirkung heiliger Gebeine sind nur noch wenige überzeugt, obgleich ein gewisses Glaubenspotential nie verschwindet, trotz des ungebrochenen Säkularisierungstrends. Die Sehnsucht nach dem Beistand überirdischer Mächte sucht sich in der globalisierten, vernetzten Gesellschaft andere Quellen, etwa in der esoterischen Subkultur, der ihr verwandten Fantasy-Literatur, bei neuheidnischen Naturkulten, bei Geistheilern, Astrologen oder Okkultisten der unterschiedlichsten Disziplinen.

Was davon heilsam ist, was sich mit den erprobten religiösen Formen verbinden kann, das ist heute weniger denn je vorhersagbar. Die Pflege der Erinnerung davon, wie alles entstanden ist und wie es sich entwickelt hat, gehört zu den Grundbedingungen humanen Daseins.

Die Wanderschaft um Christi willen
»migratio propter Christum«

Dr. Werner Sonn

Wie immer es um die Geschichtlichkeit oder Unge-
schichtlichkeit unseres Ingobertus stehen mag, so ist
jedenfalls sicher, dass die Christianisierung unserer
Heimat auf Eremiten oder Wandermönche zurückgeht, deren Erinnerung sich wohl auch mit sagenhaf-
ten Namen verbinden konnte.

In diesem Sinne bezeichnet Ingobertus vielleicht
keine historische Persönlichkeit, steht aber für eine ge-
schichtliche Tatsache von größter Bedeutung.

Es waren Mönche aus Irland und Schottland, die als
erste unsere germanischen Vorfahren mit dem Christentum bekannt machten.

Was bewog diese Männer, ihre Heimat zu verlassen
und über das Meer ins wilde und unwirtliche Germanien zu kommen? Sie selbst waren keine Germanen,
sondern romanisierte Kelten, sprachen lateinisch und
wurden am Anfang auch von keiner missionarischen

Absicht geleitet. Warum also kamen sie hierher? Das verlangt eine Erklärung.

Diese hat davon auszugehen, dass Irland und Schottland im Unterschied zum übrigen Europa nicht von den Wellen der Völkerwanderung erreicht waren. Dort hatte sich darum auch die römische katholische Kirche erhalten und vor allem in den Klöstern eine beachtliche Kultur hervorgebracht, von der heute noch künstlerisch hochstehende Buchmalereien Zeugnis geben. In diesen Klöstern war aber auch noch eine Tradition lebendig, die auf die Anfänge des christlichen Mönchtums zurückgeht. Sie beginnt mit dem heiligen Antonius, der zu Ende des 3. Jahrhunderts seine reiche und weithin christianisierte Heimatstadt Alexandria in Ägypten verließ, um als Eremit (von griechisch eremos – Wüste) sich in der Dürftigkeit und Unheimlichkeit der Wüste den Anfechtungen des Teufels auszusetzen, wie sich Jesus in der Wüste seinen Versuchungen gestellt hatte. Seinem Vorbild folgten viele, die sich den Satz des Evangeliums zu Herzen nahmen: »Die Füchse haben Gruben und die Vögel des Himmels haben Nester, aber des Menschen Sohn hat nicht, da er sein Haupt hin lege.« (Matth. 8, 20). Aus den gottesdienstlichen Versammlungen dieser Mönche (von griechisch monachos – Einsiedler) entstanden die ersten Gemeinschaften, aus denen sich bald die Klöster entwickelten.

Es war diese Idee der Nachfolge Jesu durch ein Leben in Dürftigkeit und Heimatlosigkeit, die in den Klöstern von Irland und Schottland lebendig geblieben war und die Mönche bewog, einen Wohnort fern der schützenden Klostermauern und der Bequemlichkeit der Zivilisation zu suchen und die Heimat in Richtung der germanischen Wälder zu verlassen. Diese freiwillige Auswanderung in die Fremde nannte man »migratio propter Christum« – Wanderung um Christi willen.

Obwohl diese Eremiten, wie bereits gesagt, ursprünglich keine missionarische Absicht hatten, bildeten sich um sie erste christliche Gemeinden auf dem Boden des späteren Deutschland. Das lässt sich leicht daraus erklären, dass diese Mönche ein den Eingeborenen gegenüber überlegenes Wissen, vor allem auf dem Gebiet der Heilkunst, besaßen, das von den Letzteren gerne in Anspruch genommen wurde. Da aber damals bei Christen wie bei Heiden kein heilender Akt ohne die Anrufung göttlicher Hilfe denkbar war, geschah es wie selbstverständlich, dass die Hilfe Suchenden auch mit dem Namen und der Bedeutung Christi bekannt wurden.

Auf Grund der erfolgreichen Verbreitung des Glaubens durch die ersten Eremiten setzte es sich eine zweite Generation zum bewussten Ziel, das Christentum zu den

Germanen zu bringen. Diese ist durch Namen wie Columban, Gallus und Pirminius bezeichnet, der in unserer Region das Kloster Hornbach gründete. Ihnen folgten später christianisierte Franken, die sich der Glaubensverbreitung unter ihren noch heidnischen oder halbheidnischen Landsleuten widmeten. Diesen wäre, wenn man seiner Erwähnung in der Lebensbeschreibun des Bischofs Magnerich von Trier historische Tatsächlichkeit zuschreiben möchte, unser Ingobertus zuzurechnen, den man auf Grund seines germanischen Namens Ingobert nicht mehr zu den iro-schottischen Mönchen zählen kann.

Die Idee der Wanderschaft um Christi willen fand in den mittelalterlichen Wallfahrten eine neue Form, insofern man sich nicht nur vom Besuch der Gnadenorte Sündenvergebung oder auch die Erfüllung irdischer Wünsche versprach, sondern auch das Bestehen von Mühen, Entbehrungen und Gefahren der Reise als Glaubensbewährung und besondere Form der Nachfolge Jesu verstand.

Obwohl die Wallfahrten von den Reformatoren als »Werkgerechtigkeit« abgelehnt und im Protestantismus aus dem religiösen Leben verbannt waren, wurde der Gedanke der christlichen Pilgerschaft im englischen Puritanismus, einer besonders strengen Form des Calvinismus, auf gänzlich neue und rein spirituelle Weise wieder aufgegriffen. Unter dem christlichen Pilgerturn verstand man jetzt den Stand oder vielmehr das Unterwegssein des Christen zur ewigen Seligkeit, das alle inneren und äußeren Gefahren, Entbehrungen und Bewährungen einschloss, denen sich einst die Wandermönche unterworfen hatten. Das große literarische Zeugnis dieses neuen Verständnisses der Pilgerschaft ist ein weitverbreitetes und auch heute noch in der angelsächsischen Welt viel gelesenes Buch des puritanischen Laienpredigers John Bunyan (1628-1688) mit dem Titel "The pilgrim's progress from this world to that which is to come" – »Des Pilgers Reise von dieser zur zukünftigen Welt«. Wir denken in diesem Zusammenhang auch an die berühmten »Pilgerväter«, die als erste englische Siedler nach Nordamerika kamen. Es waren Puritaner, die ihre gefahrvolle Reise in die Neue Welt sozusagen nur als eine Etappe auf dem Weg ihrer Pilgerschaft zum Himmel betrachteten.

Inspiriert von dem Werk Bunyans griff auch die deutsche Frömmigkeitsbewegung des Pietismus den Gedanken der christlichen Pilgerschaft neu auf, wie er etwa in einem früher bekannten Kirchenlied mit der Anfangszeile »Mein Leben ist ein Pilgrimsstand« seinen Ausdruck fand. Von hier aus war es nicht mehr weit zur allgemeinen Ausbreitung und gleichzeitig zur Verweltlichung des Begriffs, worunter das ganze Leben als ein heimatloses Unterwegssein verstanden wurde. In diesem Sinn verwendet ihn etwa der große Schweizer Dichter C. F. Meyer in dem Gedicht »Der Pilgrim« mit dem wiederkehrenden Satz »Ich bin ein Pilgrim oder Wandersmann«.

In neuerer Zeit sind bekanntlich die Wanderungen auf dem Jakobsweg wieder populär geworden. Sie unterliegen freilich in der Regel keinem bestimmten christlich-religiösen Sinn, sondern dienen, wenn sie mit Ernst unternommen werden, der inneren Einkehr oder der Selbstfindung. Gleichwohl kann man in dieser Zielsetzung, das eigene Selbst oder, schlicht gesprochen, die Seele aus der Verlorenheit an die Welt wiederzugewinnen und in der Bereitschaft, dafür Zeit, Vergnügen und Komfort zu opfern, noch einen Abglanz der »Wanderschaft um Christi willen« und einen Widerklang des Jesus-Wortes erkennen »Was hülfe es dem Menschen, wenn er die ganze Welt gewönne und nähme Schaden an seiner Seele!« (Matth. 16,26)

Kurzbiographien

Rupert Fieger, Jahrgang 1962. Lehre bei Dipl. Bildhauer Franz Maurer, Sternbildhauermeister, Arbeitsaufenthalte in Ellwangen (USA), arbeitet als Bildhauer in Eichstätt. Schwerpunkt sind individuelle Grabzeichen, Gestaltung sakraler Orte und Gegenstände, Kunst im öffentlichen Raum.

Dr. Markus Gestier, Jahrgang 1962, geboren in St. Ingbert studierte Politik, Geschichte und Öffentliches Recht in Saarbrücken und Bonn. Er war kurzzeitig Landtagsabgeordneter und ist Studienleiter der Union Stiftung.

Albert Christian Sellner, böhmisch-österreichisch-bayrischer Herkunft, absolvierte in der Oberpfalz das Humanistische Gymnasium, studierte in Erlangen Osteuropäische Kultur- und Kirchengeschichte und forschte in Wien über Austromarxismus und Kommunismus. Seit Jahrzehnten beschäftigt sich Sellner mit Religions- und Kirchengeschichte und sammelt

Heiligen-, Papsttums- und Marienliteratur. Er lebt in Frankfurt am Main.

Elke Sonn, geb. Hunsicker, Jahrgang 1949, geboren in Neuweiler. Bis zur Heirat 1983 Besitzerin eines Geschäftes für Schreib- und Spielwaren mit kleiner Buchhandlung in Sulzbach-Neuweiler. Ab 1983 als Ehe- und Pfarrfrau hauptberuflich ehrenamtlich tätig. Ab 2002 wohnhaft in Homburg und Lothringen (F).

Dr. Werner Sonn, Jahrgang 1939, geboren in St. Ingbert. Studium der Theologie und Philosophie in Berlin, Tübingen, Heidelberg, Rom, Mainz und Claremont (USA). Zum Dr. phil promoviert an der Universität des Saarlandes. Von 1975-2002 Pfarrer in St. Ingbert, lebt seither im Ruhestand in Homburg und Lothringen (F).

Franz Vogelgesang (Jahrgang 1962) aus Saarbrücken-Eschringen, Theologiestudium in Eichstätt und Rom, 1989 zum Priester geweiht, verschiedene Kaplans- und Pfarrstellen, seit 2010 Domkapitular und Leiter der Hauptabteilung Seelsorge in Speyer.